名家悦读系列

文房四谱

苏易简 （宋） 著

上海人民美术出版社

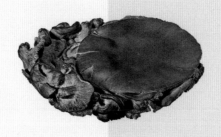

出版前言

苏易简 (958—997 年)，字太简，梓州铜山 (今四川中江县广福镇) 人。北宋大臣，也是宋代四川的第一个状元，后人亦称苏易简及其孙子苏舜钦、苏舜元为合称"铜山三苏"，与同为"三苏"的苏洵及其子苏轼、苏辙均属北宋名人。其著作除《文房四谱》外，还有《续翰林志》及文集。

《文房四谱》共四个部分，分为《笔谱》《砚谱》《纸谱》《墨谱》，探讨和记载了笔、砚、纸、墨产生的根源、制造的工艺、流传的故事以及相关诗词赋文，为关于文房四宝历史源流的权威作品。书前有徐铉序文，书后有九月作者自序。书中各谱的体例大致相同，首先叙事，次讲制作，三是杂说，四为辞赋。叙事重在说明定义、沿革及产地。制作则重在介绍制造技术。杂说讲述典故和轶闻。辞赋汇集了有关赞咏"文房四宝"的诗词。全书首尾相映，结构完整，浑然一体。

《笔谱》介绍了各类毛笔制作的方法，如蒙恬的狐毛笔制作方法，韦仲将的兔羊毫笔制作方法等等。《砚谱》对砚石的色泽、硬度、韧性、渗透性、冷热适应能力以及制作方法和外形等都有详细的介绍，同时还介绍了作澄泥砚法，这是我国古代造砚艺术的萌芽。《纸谱》中除破布、渔网等常规造纸材料外，还介绍了用麻束造玉屑和屑骨等造纸技术。《墨谱》则是第一次记载墨的生产工艺的文字。

　　《文房四谱》一书的宋刊本，已经佚失。现存《百川学海》本、《学海类编》本、《学津讨原》本、《檀几丛书》本、《四库全书》本、《十万卷楼丛书》本等。本书参酌古今版本，对其中一些名词术语做出简单注释，并配上大量有关文房四宝的图片，以供读者阅读欣赏之用。

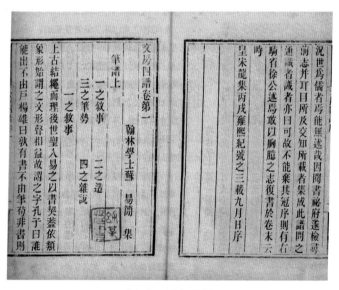

《文房四谱》书影

目录

出版前言   3

序   6

笔 谱   7

一之叙事   8

二之造   24

三之笔势   30

四之杂说   44

五之辞赋   58

附：与笔有关的文房器具   77

砚 谱   79

一之叙事   80

二之造   87

三之杂说   94

四之辞赋   102

附：与砚有关的文房器具   115

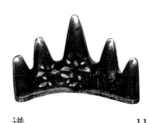

纸 谱   117

一之叙事   118

二之造   128

三之杂说   132

四之辞赋   147

附：纸的制作   153

附：与纸有关的文房器具   155

墨 谱   157

一之叙事   158

二之造   163

三之杂说   168

四之辞赋   180

附：与墨有关的文房器具   191

后序   192

黄延鉴跋   193

序

　　圣人之道，天地之务，充格上下，绵亘古今，究之无倪，酌之不竭。是以君子学然后知不足也。然则士之处世，名既成，身既泰，犹复孜孜于讨论者，盖亦鲜矣。昔魏武帝独叹于袁伯业，今复见于武功苏君矣。君始以世家文行贡名春官。天子临轩考第，首冠群彦。出入数载，翱翔青云，彩衣朱绂，光映里闬，其美至矣。而其学益勤，不矜老成，以此为乐。退食之室，图书在焉，笔砚纸墨，余无长物。以为此四者为学所资，不可斯须而阙者也。由是讨其根源，纪其故实，参以古今之变，继之赋颂之作，各从其类次而谱之，有条不紊，既精且博。士有能精此四者，载籍其焉往哉？愚亦好学者也，览此书而珍之，故为文冠篇，以示来者。东海徐铉。

御用笔、墨、砚　清

笔 谱

◎ 一之叙事

◎ 二之造

◎ 三之笔势

◎ 四之杂说

◎ 五之辞赋

介绍了各类毛笔制作的方法，如蒙恬的狐毛笔制作方法，韦仲将的兔羊毫笔制作方法等等。

一之叙事

本节主要讲述了毛笔产生的过程和关于毛笔的种种事迹。

　　上古结绳而理，后世圣人易之以书契，盖依类象形[①]，始谓之文，形声相益，故谓之字。孔子曰："谁能出不由户？"扬雄曰："孰有书不由笔？"苟非书，则天地之心，形声之发，又何由而出哉？是故知笔有大功于世也。

　　《释名》曰："笔，述也，谓述事而言之。"又成公绥曰："笔者，毕也，谓能毕具万物之形，而序自然之情也。"又《墨薮》云："笔者，意也。意到即笔到焉。又吴谓之不律，燕谓之弗，秦谓之笔也。"又许慎《说文》云："楚谓之聿。聿[②]字，从聿、一。又聿音支涉反。聿者，手之捷巧也。故从又，从巾。秦谓之笔，从聿、竹。"郭璞云："蜀

毛笔 战国

---

① 依类象形：按照不同事物种类来摹画外形。
② 聿（yù）：笔的象形字，一只手握笔的样子。秦代以后皆做"筆"字。

竹竿半毫笔　秦

人谓笔为不律。虽曰蒙恬制笔，而周公作《尔雅》授成王，而已云简谓之札，不律谓之笔，或谓之点。"又《尚书中候》云："元龟负图出，周公援笔以时文写之。"《曲礼》云："史载笔。"《诗》云："静女其娈，贻我彤管。"又夫子绝笔于获麟。《庄子》云："舐笔和墨。"是知古笔其来久矣。又虑古之笔不论以竹、以毛、以木，但能染墨成字，即呼之为笔也。昔蒙恬之作秦笔也，柘木为管，以鹿毛为柱[1]，羊毛为被[2]，所谓苍毫，非以兔毫竹管也。见崔豹《古今注》。秦之时，并吞六国，灭前代之美，故蒙恬独称于时。（又《史记》云：始皇令恬与太子扶苏筑长城，恬取中山兔毛造笔，令判案也。）

[1] 柱：笔柱，毛笔头的中心部分。
[2] 被：毛笔头的外面部分。

竹"御赐"笔 清

  《西京杂记》云：汉制，天子笔以错宝为跗[1]，毛皆以秋兔之毫，官师路扈[2]为之。又以杂宝为匣，厕以玉璧翠羽，皆直百金。

  又《汉书》云：尚书令、仆射、丞相、郎官，月给大笔一双。篆题云"北宫工作"。

  又傅玄云：汉末，一笔之押[3]，雕以黄金，饰以和璧，缀以隋珠，文以翡翠。非文犀之桢[4]，必象齿之管，丰狐之柱，秋兔之翰。用之者必被珠绣之衣，践雕玉之履。

  王子年《拾遗记》云：张华造《博物志》成，晋武赐麟角笔管。此辽西国所献也。

---

① 错宝为跗：错宝指镶嵌宝石，跗指足部，此处意指在笔杆的底部栽毛。

② 官师路扈：官师指小官。路扈指笔工，善于制作紫毫笔。

③ 押：同"匣"，用以收藏东西的器具。

④ 桢：古代打土墙时候立的木柱，起支撑作用，后泛指支柱。

《孝经援神契》云：孔子制作《孝经》，使七十二子向北辰磬折①，使曾子抱河洛书北向。孔子簪缥②笔，衣绛单衣，向北辰而拜。

王羲之《笔经》云：有人以绿沉漆竹管及镂管见遗，录之多年，斯亦可爱玩。讵必金宝雕琢，然后为贵乎？

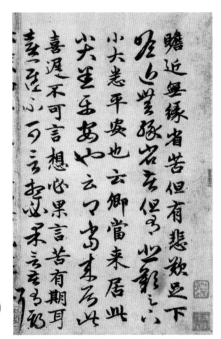

瞻近帖（局部）

王羲之 晋

---

① 磬折：意指弯腰，谦恭的意思，语出《礼记》。
② 缥：青白色的丝织品。

崔豹《古今注》云：今士大夫簪笔佩剑，言文武之道备矣。

晋蔡洪赴洛中，人问曰："吴中旧姓何如？"答曰："吴府君，圣朝之盛佐，明时之俊乂[1]。朱永长，理物之宏德，清选之高望。严仲弼，九皋之鸿鹄，空谷之白驹。顾彦先，八音之琴瑟，五色之龙章。张威伯，岁寒之茂松，幽夜之逸光。陆士龙，鸿鹄之徘徊，悬鼓之待槌。此诸君以洪笔为锄耒，以纸札为良田，以玄墨为稼穑，以义理为丰年。"（出《刘氏小说》，又出《语林》。）

《文士传》云：成公绥口不能谈，而有剧问，以笔答之，见其深智。吴阚泽为人佣书[2]，以供纸笔。

《世说》：王羲之得用笔法于白云先生，先生遗之鼠须笔[3]。又云：钟繇、张芝，皆用鼠须笔。

魏曹公闻吴与刘先主荆州，方书，不觉笔坠地。（何晏亦同。司马宣王欲诛曹爽，呼何晏作奏，曰："宜上卿名。"晏惊，失笔于地。）

晋王珣，字元林，梦人以大笔如椽与之。人说云："君当有大手笔。"后孝武哀策、谥文，皆珣所草。（又云是王东亭。）

---

① 俊乂：形容才德出众。

② 佣书：古代形容为人所雇佣，抄书为业。

③ 鼠须笔：用老鼠胡须制作的笔。

伯远帖 王珣 晋

《汉书》：张安世持橐①簪笔，事孝武数十年，以备顾问，可谓忠谨矣。

《梁书》：纪少瑜，字幼场，尝梦陆倕以一束青镂管笔授之，云："我以此犹可用，卿自择其善者。"其文因此遂进。梁郑灼，家贫好学，抄义疏以日继夜。笔毫尽，必削而用之。

隋刘行本累迁掌朝下大夫。周代故事：天子临轩，掌朝典笔砚，持至御座，则承御大夫取以进之。及行本为掌朝，将进笔于帝，承御复从取之。行本抗声曰："笔不可得！"

---

① 橐（tuó）：两端不封口的口袋。

玄秘塔碑（局部）

柳公权 唐

帝惊视，问之。行本曰："臣闻设官分职，各有司存。臣既不得佩承御刀，承御亦焉敢取臣笔？"帝曰然。因令二司各行所职。

柳公权为司封员外，穆宗问曰："笔何者书善？"对曰："用笔在心正，心正则书正。"上改容，知其笔谏。

《景龙文馆集》云：中宗令诸学士入甘露殿，其北壁列书架。架上之书学士等略见，有《新序》《说苑》《盐铁》《潜夫》等论。架前有银砚一，碧镂牙管十，银函盛纸数十种。

梁元帝的金、银、竹笔 南朝

《扬子法言》云：孰有书不由笔，言不由古？吾见天常为帝王之笔舌也。

《论衡》曰：智能之人，须三寸之管，一尺之笔，然后能自通也。

曹褒，字叔通，尝慕叔孙通为汉书仪，夜则沉思，寝则怀铅笔[1]，行则诵文书。当其念至，忽忘所之。

《韩诗外传》曰：赵简子有臣曰周舍，立于门下三日三夜。简子问其故，对曰："臣为君谔谔之臣。墨笔执牍，从君之后，伺君过而书之。"

司马相如作文，把笔啮之，似鱼含毫。（陆士衡《文赋》云："或含毫而邈然。"）

---

[1] 铅笔：古代蘸上铅粉来纠正错误的笔。

青花笔架　明

青花描金粉山水开
光人物纹笔床

梁元帝为湘东王时，好文学，著书常记录忠臣义士及文章之美者。笔有三品，或金银雕饰，或用斑竹为管。忠孝全者用金管书之，德行精粹者用银管书之，文章赡逸者以斑竹管书之。故湘东之誉，播于江表①。

《东宫旧事》：皇太子初拜，给漆笔四枝、铜博山、笔床②一副焉。司马相如作文，把笔啮之，似鱼含毫。

欧阳通，询之子，善书，瘦怯于父，常自矜能。书必以象牙犀角为管，狸毛为心，覆以秋毫③。松烟为墨，末以麝香；纸必须用紧薄白滑者乃书之。盖自重也。

---

① 江表：江南地区。
② 笔床：搁放毛笔的器具。
③ 秋毫：本处指秋天的兔毛。

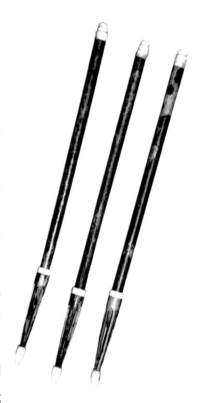

柳恽尝赋诗未就，以笔捶琴，坐客以箸扣之，恽惊其哀韵，乃制为雅音。后传击琴自笔捶之始也。

《史记》：相如为天子游猎之赋，赋成，武帝许尚书给其笔札。

又汉献帝令荀悦为《汉纪》三十篇，诏尚书给其笔札。江淹梦得五色笔①，由是文藻日新。后有人称郭璞，取之。君子有三端，其一曰文士之笔端。

汉班超常为官佣书，久劳苦，乃投笔曰："大丈夫当效傅介子、张骞，立功异域，以取封侯。焉能久事笔砚？"陆云与兄士衡书曰："君苗每当见兄文思，欲焚笔砚。"

魏明帝见殿中侍御史簪白笔，侧阶而立，问曰："此何官也？"辛毗对曰："御史簪笔书过，以记陛下不依古法者。今者，直备官眊笔耳。"

鸡距笔 唐

① 五色笔：古代传说有特殊魔力的笔。

左思为《三都赋》，门庭藩溷，必置笔砚，十稔方成。

薛宣令人纳薪，以炙笔砚。

又鱼豢《魏略》曰：颜斐，字文林，为河东太守。课人输租，车便置薪两束，为寒炙笔砚。风化大行。

祢衡为《鹦鹉赋》于黄射（祖之子）座上，笔不停辍。又阮瑀援笔草檄立成，曹公索笔求改，卒无下笔处。

扬雄每天下上计孝廉会，即把三寸弱翰，赍油素四尺，以问其异。（见《墨谱》）

《史记》：西门豹为邺令，投巫于水，复投三老。乃簪笔磬折，向河而立，以待良久。

崔豹《古今注》云：牛亨问："彤管何也？"答曰："彤，赤漆耳。史官载事，故以赤管，言以赤心记事也。"

竹管笔 宋

五彩龙凤纹瓷管羊毫笔和笔盒　明万历

　　曹公欲令十吏就蔡琰写书。姬曰："妾闻男女礼不亲授。乞给纸笔一月，真草维命。"于是缮写送之，文无贻误。

　　王粲才高，辩论应机，属文举笔便成。钟繇、王朗，名为魏卿相，至朝廷奏议，皆阁笔不敢措手。《袁子正书》云：尚书以六百石为名，佩契刀囊，执版，右簪笔焉。

　　僧智永学书，旧笔头盈数石，自后瘗之，目为退笔冢[①]。（见《笔势》）

　　《孔子世家》云：孔子在位听讼，文辞可以与人共者，不独有也。至于修《春秋》笔则笔，削则削。子夏之徒，不能赞其一辞。薛宣为陈留，下至财用笔砚，皆为设方略利用，必令省费也。

---

① 退笔冢：古代书法家埋藏废笔的地方，也称"笔冢"。

華夏東西二京背芒面洛

浮渭攘涇宮殿盤鬱樓觀

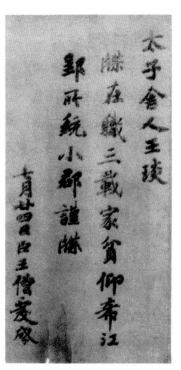

王琰帖 王僧虔 南朝

王充好理实，闭门潜思，户牖墙壁各置刀笔，著《论衡》八十五篇，二十余万言。

谢承《后汉书》云：杨璇，字玑平，平零陵贼，为荆州刺史赵凯横奏。槛车征之，仍夺其笔砚。乃啮臂出血，以簿中白毛笔染血以书帛上，具陈破贼之形势，及言为凯所诬。以付子弟诣阙，诏原之。

王隐《晋书》：陈寿卒，洛阳令张泓遣吏赍纸笔，就寿门下写《三国志》。

《谢庄传》云：时宋世宗出行夜还，敕开门。庄居守曰："伏须神笔①，乃敢开门。"

《王僧虔传》云：齐孝武欲擅书名，僧虔不敢显迹，常用拙笔书，以此见容。孔稚圭上表曰：圣照元览，断自天笔。

---

① 神笔：对古代帝王亲笔所写文字的尊称。

庾易，字幼简。侍中袁彖雅慕之，赠鹿角书格[①]、蚌砚、象牙笔管。

　　陶弘景，字通明。年四五岁，常以荻为笔，画灰中学书，遂为善隶。

　　范岫，字懋宾，济阳考城人。每居，常以廉洁著称。为晋陵太守，虽牙管一双，犹以为费。

　　《太公阴谋》：笔之书曰，毫毛茂茂，陷水可脱，陷文不活。

上：青花缠枝纹瓷管羊毫笔　明万历
下：青花矾红云纹瓷管羊毫笔　清乾隆

① 书格：即臂搁，古代用来搁放手臂的文房用具。

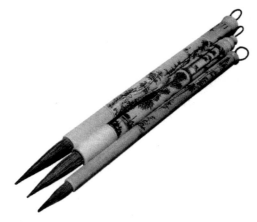

象牙刻山水纹毛笔

　　蔡邕《与梁相》：复惠善墨良笔，下工所无重，惟大恩厚施，期于终始。（"工"，一作"士"）

　　徐广《车服仪制》曰：古者，贵贱皆执笏，缙绅之士者，缙笏而垂绅带也。有事则书之，故常簪笔。今之白笔，是其遗像。

　　《礼》云："史载笔，士载言。"注云："谓从于会同，各持其职，以待事也。笔谓书具之属。"

　　《典略》云：路粹，字文蔚，少学于蔡邕。为丞相军谋祭酒，曹操令枉状奏孔融诛之。后人观粹所作，无不嘉其才而忌其笔。

二之造

本节详细讲述制造毛笔所需要的材料和过程。

　　韦仲将《笔墨方》：先于发梳梳兔毫及青羊毛，去其秽毛讫，各别用梳掌痛，正毫齐锋端，各作扁，极令匀调平好，用衣青羊毛。青毛去兔毫头下二分许，然后合扁，卷令极固。痛颉讫，以所正青羊毛中截，用衣笔中心，名为"笔柱"，或曰"墨池""承墨"。复用青毫，外如作柱法，使心齐，亦使平均，痛颉内管中，宜心小不宜大。此笔之要也。

　　王羲之《笔经》曰：《广志会献》云，诸郡献兔毫，出鸿都门，惟有赵国毫中用。世人咸云兔毫无优劣，笔手有巧拙。意谓赵国平原广泽，无杂草木，惟有细草，是以兔肥。肥则毫长而锐，此则

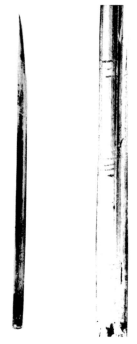

毛笔　汉

行穰帖摹本　王羲之　晋

良笔也。凡作笔须用秋兔，秋兔者，仲秋取毫也。所以然者，
孟秋去夏近，则其毫焦而嫩；季秋去冬近，则其毫脆而秃，
惟八月寒暑调和，毫乃中用。其夹脊上有两行毛，此毫尤佳，
胁际扶疏，乃其次耳。采毫竟，以纸裹石灰汁，微火上煮，
令薄沸，所以去其腻也。先用人发抄数十茎，杂青羊毛并
兔毳（凡兔毛长而劲者曰毫，短而弱者曰毳），惟令齐平。
以麻纸裹柱根令治（用以麻纸者，欲其体实，得水不胀）。

次取上毫薄薄布柱上，令柱不见，然后安之，惟须精择，去其倒毛。毛杪合锋，令长九分。管修二握，须圆正方可。后世人或为削管，故笔轻重不同。所以笔多偏握者，以一边偏重故也。自不留心加意，无以详其至。此笔成，合蒸之，令熟三斛米饭，须以绳穿管悬之水器上一宿，然后可用。世传钟繇、张芝皆用鼠须笔，锋端劲强有锋芒，余未之信。夫秋兔为用，从心任手，鼠须甚难得，且为用未必能佳，盖好事者之说耳。昔人或以琉璃、象牙为笔管，丽饰则有之，然笔须轻便，重则蹶矣。近有人以绿沉漆管及镂管见遗，录之多年，斯亦可爱玩，讵必金宝雕琢，然后为贵也。余尝自为笔，甚可用，谢安石、庾稚恭每就我求之，靳而不与。

竹雕狼毫笔

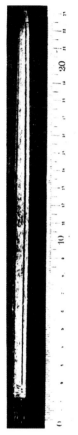

木杆毛笔 汉

《博物志》云：有兽缘木，文似豹，名虎仆，毛可以取为笔。岭外[1]尤少兔，人多以杂雉毛作笔，亦妙。故岭外人书札多体弱，然其笔亦利。其云至水干墨紧之后，髼然如虿焉。所以《岭表记》云，岭外既无兔，有郡牧得兔毫，令匠人作之。匠者醉，因失之，惶惧，乃以己须制上。甚善，诘之，工以实对。郡牧乃令一户必输人须，或不能逮，辄责其直。

宣城之笔，虽管笞至妙，而佳者亦少，大约供进或达寮为之则稍工。又或以鹿之细毛为之者，故晋王隐《笔铭》云："岂其作笔，必兔之毫？调利难秃，亦有鹿毛。"盖江表亦少兔也，往往商贾赍其皮南渡以取利。今江南民间使者，则皆以山羊毛焉。蜀中亦有用羊毛为笔者，往往亦不下兔毫也。

今之飞白书[2]者，多以竹笔，尤不佳。宜用相思树皮，剺其末而漆其柄，可随字大

----

① 岭外：指五岭以南地区。
② 飞白书：笔画中丝丝露白，如缺少墨水的枯笔所写，具有独特的书法韵味，传为东汉蔡邕所创。

笔阵图（局部）卫夫人 晋

小，作五七枚妙。往往一笔书一字，满一八尺屏风者。

《墨薮》云：王逸少《笔势图》，先取崇山绝仞中兔毫，八九月收之，取其笔头长一寸，管长五寸，锋齐腰强者妙。今之小学者言笔，有四句诀也："心柱硬，覆毛薄，尖似锥，齐似凿。"

欧阳通自重其书，必以象牙犀角为管，狸毛为心，覆以秋毫。（见《叙事》中）

蜀中出石鼠，毛可以为笔，其名鼮。

秦蒙恬为笔，以狐狸毛为心，兔毫为副。（见《博物志》）

李阳冰《笔法诀》云：夫笔大小硬软长短，或纸绢心[1]散卓[2]等，即各从人所好。用作之法，匠须良哲，物料精详。入墨之时，则毫副诸毛，勿令斜曲。每因用了，则洗濯收藏，惟己自持，勿传他手。至于时展其书，兴来不过百字，更有执捉之势，用笔紧慢，即出于当人至理确定矣。

今有以金银为泥书佛道书者，其笔毫才可数百茎。濡金泥之后，则锋重涩而有力也。

淮南王《万毕术》曰：取桐烛与柏木及蜡俱内筒中，百日以为笔，画酒自分矣。

竹竿毛笔 南宋

---

① 纸绢心：缠纸有心笔，笔毛绑缚在笔杆周围，中空有心。
② 散卓：将笔毫散扎起来的无心笔。

三之笔势

本节讲述用笔的原理和书画用笔的体势。

《老子》曰：凿户牖以为室，当其无，有室之用。夫《四谱》之作，其用者在于书而已矣，故《笔势》一篇附之。

《真诰》曰：三皇之世，演八会之文，为龙凤之章、飞篆之迹，以为颁形。梵书分破二道[①]，坏真从易，配别分支，乃为六十四种之书。又《真诰》曰：三君手迹，杨君书最工，不今不古，能大能细。大较虽效郗愔笔法，力兼二王而名不显者，当以地微，兼为二王所抑。（掾书学杨，而字体劲利。）

又云：八会书，文章之祖也。夫书通用墨者何？盖文章属阴，自阴显于阳也。又云神仙之书，乃灵笔真手也。

时人咸云：兔毫无优劣，笔手有巧拙。

竹管鸡毫笔　宋

---

① 二道：无碍道与解脱道。

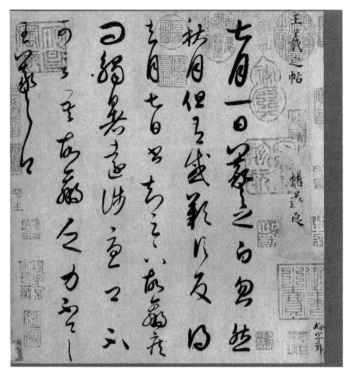

草书七月帖摹本　王羲之　晋

王羲之《笔势论》云：凡欲书时，先干研墨，安著水中。研墨须调，不得生用，生用则浸渍慢涩。点笔之法，只可豆许大，湿不宜大点。横画之法不得缓，缓即不紧。竖牵之法不得急，宜把笔卓立，笔头先行，笔管须卓立，竖傍则曲也。轻健妙真，书之法也。草行之法，即任意也。

又云：初学书时，不得尽其形势，先想成字，意在笔前。一遍正其手脚，二遍须得形势，三遍须少似本，四遍加其遒润，五遍加其泄拔。须俟笔滑，不得计其遍数。又云：手稳为本，分间布白①，上下齐平，得其体势。大者促之令小，小者放之令大，自然宽狭得所，不失其宜。又云：书法点之法，如大石当衢，或如蹲鸱，或如瓜子，或如科斗。落手之法，峨峨若长松之倚溪。立人之法，如鸟在柱首。

又云：一点失，如美人之无一目；一画失，如壮士之无一肱。

大道帖摹本 王羲之 晋

① 布白：是一种书法术语。指安排字的点画间架和布置字、行之间空白关系的方法。

吴沈友少好学，时人以友有三妙：一舌妙，二力妙，三笔妙。

赵壹《非草书》曰：十日一笔，月数丸墨。领袖如皂，唇齿皆黑也。

王羲之《与谢安书》曰：复与君此真草，所得极为不少，而笔至恶，殊不称意。

蔡伯喈入嵩山学书，于石室内得素书[1]，八角垂芒，颇欲似篆。伯喈得之，不食三日，惟只大叫欢喜。

钟繇见蔡邕笔法于韦诞，自捶三日，胸尽青，因呕血。魏太祖以五灵丹救之，得活。繇求之，不与。及诞死，繇令人盗掘其墓而得之。故知多力丰筋者圣，无力无筋者病。其后消息而用之，由是更妙。临死，启囊授其子会。繇能三色书，然后最妙者八分。

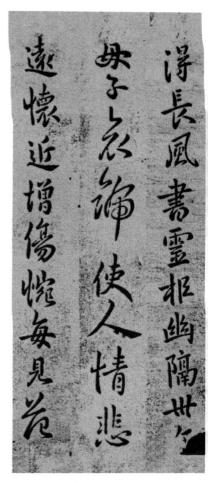

得长风帖（局部）　钟繇　三国

---

[1] 素书：古代人们常用白绢作书，往往代指书信。

冯应科制笔　元

陆文宝制笔　元

　　《笔阵图》云：夫纸者，阵也。笔者，刀矟也。墨者，鍪甲也。水砚者，城池也。心意者，将军也。本领者，副将也。结构者，谋略也。飐笔之次，吉凶之兆也。出入者，号令也。屈折者，杀戮也。

　　右军云：弱纸强笔，强纸弱笔。强者弱之，弱者强之。

　　又云：草书欲缓前急后，斯至诀也。

　　又云：古谓之填书①，今之勒字也。

　　《墨薮》云：凡书多肉微骨者，谓之墨猪②。

　　又云：凡笔，乃文翰之将军也，直宜持重。

　　又云：凡书，必使心忘于笔，手忘于书，心手遗情，书不妄想。要在求之不得，考之即彰。

---

① 填书：书体之一种，又称"填篆"。
② 墨猪：比喻笔画丰肥而无骨力的书法。

熹平石经（局部） 蔡邕 东汉

王逸少先少学于卫夫人，自谓大能。及渡江，北游名山，见李斯、曹喜书，又之许，见钟繇、梁鹄书，又入洛，见蔡邕《石经》，又于从兄洽处，见张昶《华岳碑》，始知学卫夫人徒费年月，遂兼众家习之，特妙。

卫夫人见王羲之书，语太常王策曰："此儿必见用笔诀也。妾近见其书，有老成之智。"因流涕曰："子必蔽吾书名。"（晋安帝时，北郊祭文命更写之。工人削之，羲之笔已入七分。）

虞世南《笔髓》云：夫书须手腕轻虚。夫未解书，则曰一点一画，皆求像本也，乃自取拙见，岂知书耶。太缓则无筋，太急则无骨，侧管则钝，慢则肉多，竖笔则锋直，干枯则势露。宜粗而不锐，细而不壮，长者不为有余，短者不为不足。

又云：夫笔长短不过五六寸，搦管①不过三寸。真一，行二，草三②，宜指实掌虚。

王方庆于太宗时，上其十一代祖导、十代祖洽、九代祖珣、八代祖昙首、七代祖僧绰、六代祖仲宝、五代祖骞、高祖规、曾祖褒，九代三从伯祖晋中书令献之已下书，共十卷。上令中书舍人崔融为《宝章集》，叙其事以赐，举朝为荣。

贞观六年正月八日，令整理御府今古法书、钟王等真迹，得一千五百一十卷。

汉元始中，征天下小学。

张融善草书，自美其能。帝曰："卿殊有骨力，但恨无二王之法。"答曰："臣亦恨二王无臣之法。"

羊角笔 元

---

① 搦管：指毛笔的持笔。

② 真一，行二，草三：指握笔时手指距离笔尖的距离，真书为一寸，行书为二寸，草书为三寸。一般来说，手指离笔尖越远，控笔就越灵活，更适合书写不同的书体。

梁武帝《论萧子云书》曰："笔力骏劲，心手相应，巧逾杜恕，美过崔宴，当与元帝并驱争先。"其相赏如此。

齐高帝为方伯，居处甚贫，诸子学书，常少纸笔。武陵王晔尝以指画空中，及画掌学字，遂工书。

夫握笔名指，一指在上为单钩，双指为双钩，指聚为撮笔，皆学书之因习也。伪蜀士人冯偘能书，得二王之法。然而以二指掐笔管而书。故每笔必二分，迹可深二三分，斯书札之异者也。

汉谷永，字子云，与娄护字君卿俱为五侯上客。人号曰："谷子云笔札，娄君卿唇舌。"

抓笔 明

地黄汤帖 王献之 晋

晋王献之，字子敬。方学书，父羲之常后掣其笔，不得，乃叹曰：“此儿当有大名。”后果能以帚扫泥书作大字，方一丈，甚为佳妙，观者如堵。笔札之妙，时称二王。

僧智永于楼上学书，有秃笔头十瓮，每瓮数石。人求题头[①]，门限穿穴，乃以铁叶裹之，谓之铁门限。后取笔头瘗[②]之，号退笔冢，自制铭志。

---

① 题头：指题写匾额。
② 瘗（yì）：埋。

三坟记（局部） 李阳冰 唐

李阳冰云：夫点不变谓之布棋，画不变谓之布筹①，方不变谓之斗，圆不变谓之环。

张伯英好书，凡家之衣帛，皆书而后练。《晋书》：王逸少书字，若金帖墨中，炳然可爱。

张昶，字文舒，伯英季弟也。章草入神，八分入妙，隶书入能。

刘德升，字君嗣，能书。胡昭、钟繇俱善书，胡书体肥，钟书体瘦，亦各有君嗣之美。

---

① 筹：古代用以计算的辅助工具，一般是六寸左右的竹木条。

王羲之，旷之子。早于其父枕中窃读《笔说》。父恐其幼，不与，乃拜泣而请之。

王僧虔博涉经史，兼善草隶。齐太祖谓虔曰："我书何如卿？"虔曰："臣正书第一，陛下草书第二，正书第三。臣无第二，陛下无第一。"上笑曰："卿善为辞也。然天下有道，某不与易。"又高帝尝与僧虔赌书，毕，帝曰："谁为第一？"虔曰："臣书臣中第一，陛下帝中第一。"帝笑曰："卿可谓善自谋者也。"

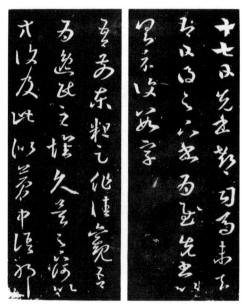

十七帖（局部） 王羲之 晋

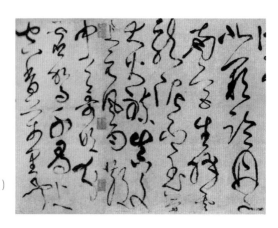

古诗四帖（局部）
张旭 唐

欧阳询书不择纸笔，皆能如意。褚遂良须手和墨调，精纸良笔，方书。

张旭得笔法，传于崔邈、颜真卿。自言："始吾观公主担夫争路，而得笔法之意，后见公孙氏舞剑，得其神。"饮醉辄书，挥笔大叫，以头揾水墨中，天下呼为张颠。醒后自观，以为神异，不可复得也。

长沙僧怀素好草书，自言得草书三昧。

魏明帝起凌云台，先钉榜木题之。乃以笼盛韦诞，辘轳引上书之。去地二十五丈，诞甚危惧，及下，须发尽白。乃诫子孙绝此楷法。

天下名书，有荀舆《貍骨药方帖》、王右军《借船帖》。右军尝醉书数字，点画像龙爪，后遂有龙爪书。

兰亭序（唐冯承素摹本） 王羲之 晋

宋太祖问颜延之：“诸子谁有卿风？”延之曰：“竣得臣笔，测得臣文，𬤇得臣义，跃得臣酒。”萧隶贫无纸，止画窗尘以学书。

羲之永和九年制《兰亭序》，乘兴而书，用蚕茧纸、鼠须笔，遒媚劲健，绝代更无。太宗后于玉华宫大渐①，语高宗曰：“若得《兰亭序》陪葬，即终无恨矣。”高宗涕泣而从之。

世传宣州陈氏世能作笔，家传右军与其祖《求笔帖》，后子孙尤能作笔。至唐，柳公权求笔于宣城。先与二管，语其子曰：“柳学士如能书，当留此笔。不尔，如退还，即可以常笔与之。”未几，柳以为不入用别求，遂与常笔。陈云：“先与者二笔，非右军不能用。柳信与之远矣。”

---

① 大渐：病危。

孙敬事母至孝，每得甘蔗，必奔走奉母。每画地书，真草皆妙也。

卫恒每书大字于酒肆，令人开之纳直，以偿酒价。直足，则埽去之。

唐太宗《笔法》云：攻书之时，当收视听，绝虑怡神。心正气和，则契于元妙。心神不正，字则欹斜。志气不和，字则颠仆，如鲁庙之器也。又云：为点必收，贵紧而重。为画必勒，贵涩而迟，为撇必掠，贵险而劲。为竖必努，贵战而雄。为戈必润，贵迟疑而右顾，为环必郁，贵蹙锋而拗转。为波必碟，贵三折而遣毫。

前蜀王氏朝伪相王锴，字鳣祥，家藏书数千卷，一一皆亲札，并写藏经。每趋朝，于白藤檐子内写书。书法尤谨，近代书字之淫者也。

晋祠铭（局部）　李世民　唐

四之杂说

本节是关于用笔和书法方面的一些杂闻轶事。

在昔受爵者必置赆[1]于草诏者，谓之润笔。郑译隋文时自隆州刺史复国公爵，令李德林作诏。高颎戏之曰："笔头干。"译对曰："出为方牧，杖策而归，不得一钱，何以润笔？"帝大笑。

梁简文为《笔语》十卷。（今书莫得见）

《幽明录》：贾弼梦人求易其头，明朝不觉，人见悉惊走，弼自陈乃信。后能半面笑半面啼，两手两足并口齐奋，两笔书成，文辞各异。

齐高洋梦人以笔点其额。王昙哲贺曰："王当作主。"吴孙权梦亦同，熊循解之。

剔红人物狼毫笔 明

---

① 赆（jìn）：临别之际所赠财物。

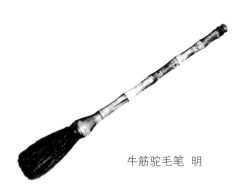

牛筋驼毛笔 明

梁纪少瑜尝梦陆倕以一束青镂管笔授之，后文章大进。（见《叙事》中）

《搜神记》曰：王祐病，有鬼至其家，留赤笔十余枝于荐①下，曰："可使人簪之，出入辟恶，举事皆无恙。"（又与土类：壬甲李乙，凡与书，皆无恙。）

《酉阳杂俎》云：大历中，东都天津桥有乞儿无两手，以右足夹笔写经乞钱。欲书时，先掷笔高尺余，以足接之，曾无失落，书迹尤楷。

石晋之末，汝州有一高士，不显姓名。每夜作笔十管，付其室家，至晓，阖户而出。面街凿壁，贯以竹筒，如引水者。或人置三十钱，则一管跃出，十笔告尽，虽势要官府督之，亦无报也。其人则携一榼，吟啸于道宫佛庙酒肆中，至夜醑畅而归。其匹妇亦怡然自得。复为十管，来晨卖之，

---

① 荐：古代指草垫子。

如此三十载，后或携室徙居，杳不知所终。人有后数十年复见者，颜色如故，时人谓之笔仙。

《魏末传》曰：夏侯泰初见召还，路绝人事，不畜笔，其谨慎如此。

今之笔故者往往寻不见。或会府吏千百辈，用笔至多，亦不知所之，或云鬼取之判冥。

昔有僧惠远制《涅槃经疏》讫，咒其笔曰："如合圣意，此笔不坠。"乃掷于空中，卓然不落。

唐越州法师神楷造《维摩经疏》亦然，后迎入长安。

大般涅槃经卷（局部）

《酉阳杂俎》云：长安宣平坊有卖油而至贱者，人久疑之。逐入树窟，乃见虾蟆以笔管盛树津，以市于人。发掘而出，尚挟管瞪目，气色自若。

今都会间有运大笔如椽者写小字，小如半麻粒许，瞬息而就。或于稻粒之上写七言诗一绝，分间布白，历历可爱。

《阙史》云：术士如得一故笔，可令于都市中代其受刑，术者即解化而去，谓之笔解。

《本草》云：笔头灰，取笔多年者烧之，水服，可以疗溺塞之病。

《列仙传》云：李仲甫，颍川人。汉桓帝时卖笔辽东市上，一笔三钱，无直亦与之。明旦，有成笔数十束。如此三年，得钱辄弃之道中。

魏王思为大司农，性急。常执笔作书，蝇集笔端，驱去复来。思怒逐蝇不得，还，乃取笔掷地毁之。又蝇集苻坚笔以传赦。（坚与王猛、苻融密议于露台①，有大苍蝇入自牖间，鸣声甚大，集笔端，去于市中为黑衣小人，大呼曰："官今大赦。"）

《御史台记》云：台中尚揖，揖者，古之肃拜也。故

---

① 露台：露天的台子。

圭峰定慧禅师传法碑

（局部）　裴休　唐

有台揖笔，每署事必举笔当额。有不能下笔者，人号为"高揸①笔"。往往自台拜他官，执笔亦误作台揖者，人皆笑之。

德宗在奉天，与浑瑊无名官告千余轴，募敢死之士。赐瑊御笔一管，当战胜量功伐，即署其名授之。不足，即以笔书其绅。

唐相裴休，早肄业于河内之太行山。后登显位，建寺于彼，目为化城寺。旋授太原节镇，经由是寺，寺之僧粉额②陈笔砚，俟裴分亲题之。裴公神情自若，以衣袖揾墨以书之，尤甚遒健。逮归，侍婢讶其沾渥，裴公曰："向以之代笔来。"

---

① 揸：古同"支"字。

② 粉额：空白的匾额。

紫毫笔 元

"大明万历"款五彩龙凤笔 明

兼毫笔一套　清

　　王子年《拾遗记》云：任末年十四，学无常师。或依
林木之下，编茅为庵，削荆为笔，刻树汁以为书。夜则映
月望星，暗则然蒿自照。

　　刘峻与沈约、范云同奉梁武，策锦被事，咸言已罄，
而峻请纸笔，更疏十事。在座皆惊，帝失色。

　　晋陆士龙云：魏武帝刘婕好，以七月七日折琉璃笔管，
此其时也。（出《时照新书》）

　　《会稽典录》云：盛吉拜廷尉，每冬月罪囚当断，妻执烛，
吉持丹笔，相向垂涕。（吉，字君达）

　　《晋春秋》云：何祯少孤，常以缚笔织扇为业，善为智计，
由是知名。

王隐始著国史，成八十八卷，属免官居家。家贫匮，笔札未能就，遂南游陶侃。又还江州，投庚元规。规乃给其笔札，其书遂成。

《天合百录》云：西天龙猛尊者，常用药笔点山石为金宝，济施千人。唐法师楚金刺血写《法华经》，笔端常有舍利。古者，吏道必事刀笔。今亦有藏刀于管者，盖遗制也。

段成式以葫芦为笔以赠温飞卿。（书在《词林》门）柳公权不能用羲之笔。（见《笔势》中）

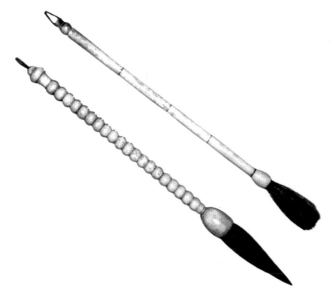

鲨鱼骨、兽骨杆羊毫笔　清

白玉雕螭毛笔　明

今之职官断大辟罪者，署案讫，必寻毁其笔，益彰其恻隐也。医工常取之烧灰，治惊风及童子邪气。

谢承《后汉书》云：刘祐为郡主簿，郡将之子出钱付之，令买果实。祐悉买笔墨书具以与之。

魏管辂往见安平太守王基，基令作卦。辂曰："床上当有大蛇衔笔，小大共视，须臾失之。"果然。

诸葛恪父瑾，长面似驴。孙权大会群臣，使人牵一驴，长检其面，题曰"诸葛子瑜"。恪跪乞笔益两字，因听与之。恪续其下曰"之驴"。举坐大笑，乃以驴赐之。

赵伯符为丹阳郡，严酷。典笔吏取笔失旨，顿与五十鞭。罗什撰译，伯肇执笔，定诸词义，学者宗之。

《魏略》：张既为郡小史[1]而家富，自念无自达，乃畜好刀笔版奏，伺诸大吏无者，辄奉之。

---

① 史：古代意指画匠。

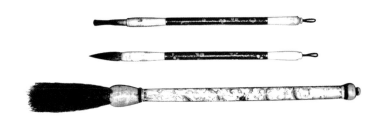

牛景泰蓝羊毫笔 清

　　吴孙权常梦北面顿首于文帝，顾而见日，俄而日变为三日。忽见一人从前以笔点额，流血于前，惧而走之，状似飞者，复坠于地。觉以问术士熊循，循曰："吉祥矣，大王必为吴主。王者，人之首；额者，人之上。王加点，主字也；在前而来，王者之群臣也。虽主意未至，而群下自逼矣。血流在前，教令明白，当从王出也。"权乃询之大臣，遂绝于魏。

　　太熙中，童谣曰："二月尽，三月初，桑生蓓蕾柳叶舒，荆笔扬板行诏书。"后王玮杀汝南王亮，帝以白虎幡宣诏，收玮诛之。玮手握青纸，谓监刑者曰："此诏书也。"盖此应也。

　　《宋云行记》云：北魏神龟中至乌苌国，又西，至本释迦往自作国，名磨休王。有天帝化为婆罗门形，语王曰：

"我甚知圣法，须打骨作笔，剥皮为纸，取髓为墨。"王即依其言遣善书者抄之，遂成大乘经典，今打骨处化为琉璃。

桐烛笔分酒。（见《造笔》门）《梦书》云：梦笔砚，为县官文书所速也。

又云梦得笔砚，忧县官。又云磨砚染笔，词讼陈也。古诗云：有客从南来，遗我一把笔。

《国语》云：智襄子为室美，士茁惧曰："臣秉笔事君。记曰：'高山浚原，不生草木；松柏之地，其土不肥。'今土木胜，臣惧不安人也。"室成三年而智氏亡。

《庄子》曰：宋元君将画图，众史皆至，受揖而立，舐笔和墨，在外者半。

《东观汉记》：永平年，神爵集宫殿官府。上假贾逵笔札，令作《神爵颂》，除兰台令史，迁郎中。

《晋书》：赫连勃勃谓隐士京兆韦祖思曰："我今未死，汝犹不以我为帝王。吾死之后，汝等弄笔，尚置吾何地！"

白玉荷叶笔洗　清

白玉荷莲笔洗　清

遂杀之。

《贺循传》：陈敏之乱，诈称诏书，以循为丹阳内史。循辞以脚疾，手不制笔。又服寒食散，露发祖身，示不可用。敏竟不敢逼。

《刘穆之传》：宋高祖素拙于书。穆之曰："此虽小事，然宣被远，愿公小复留意。"高祖终不能，以禀分有自。穆之乃曰："公但纵笔为大字，径尺亦无嫌大。既足有所苞，且其名亦美。"高祖从之，一纸不过六七字便满。

宋世祖欢饮，令群臣赋诗。沈庆之手不知书，眼不识字，上逼令作诗。庆之曰："臣不知书，请口授。"上令颜师伯执笔。

木、玉、牙、角制笔管的笔　清

紫檀木嵌银丝大抓笔　清

庆之曰："微生值多幸，得逢金运昌。朽老筋力尽，徒步过南冈。辞荣此圣世，何愧张子房。"上甚悦，众美其辞意。

齐虞玩之少娴刀笔，泛涉文史。

后魏世宗常敕廷尉游肇有所降恕，肇不从，曰："陛下自能恕之，岂能令臣曲笔？"

稽含《笔铭》曰：采管龙种[①]，拔毫秋兔。

陆云《与兄机书》曰：案视曹公器物，笔枚所希。闻黄初二年，刘婕好折之。见此复使人怅然又有感触。笔亦如吴笔，又有琉璃笔一枝。

王允将诛蔡邕，马日磾曰："伯喈旷世逸才，多识汉事，当续《后汉》，为世大典。"允曰："武帝不杀司马迁，使作谤书流于后世。今不可使佞臣执笔在幼主左右，无益圣德，吾党复蒙讪谤。"

后汉来歙伐公孙述，为刺客伤腰。召盖延以属军事，自书遗表讫，投笔抽刃而绝。

乾隆青花矾红云龙纹瓷管羊毫笔

① 龙种：竹子的别称。

后汉周磬，字坚伯。年七十三，朝会集论终日，因令二子曰："吾日者梦见先师东里先生，与我讲于阴堂之奥，吾齿之尽乎！若命终，编二尺四寸简，写《尧典》一篇，并刀笔各一，以置棺前。"

《搜神记》：益州有神祠，自称黄石公。祈者持一双笔及纸墨，则于石室中言吉凶。

石晋朝丞相赵莹布衣时，常以穷通之分祷于华岳庙。是夜梦神遗以一笔二剑，始犹未窹。既而一践廊庙，再拥节旄。

近朝丞相马裔孙幼干禄[1]，祷于上逻神，梦与二笔，一大一小。后为翰林学士及知贡举，自谓应之。大拜[2]之日，堂史进二笔，大小与梦相符。

石晋之相和凝少为明经，梦人与五色笔一束。自是文采日新，擢进士第，三公九卿，无所不历。

---

① 干禄：意指祈祷求福。

② 大拜：意指拜相。

五之辞赋

蔡邕《笔赋》：序曰：昔仓颉创业，翰墨作用，书契兴焉。夫制作上书则宪者，莫先乎笔。详原其所由，究察其成功，铄乎焕乎，弗可尚矣！赋曰："惟其翰之所生，生于季冬之狡兔。性精亟而剽悍，体遄迅而骋步。削文竹以为管，加漆丝之缠束。形调抟以直端，染玄墨以定色。画乾坤之阴阳，赞宓羲之洪勋。尽五帝之休德，扬荡荡之典文。纪三王之功伐兮，表八百之肆觐。传六经而缀百氏兮，建皇极而序彝伦。综人事于晻昧兮，赞幽冥于明神。象类多喻，靡施不协：上刚下柔，乾坤位也；新故代谢，四时次也；圆和正直，规矩极也；元首黄管，天地色也。"云云。

柳叶笔

羊毫笔 清

　　晋·傅元《笔赋》：简修毫之奇兔，选珍皮之上翰。
濯之以清水，芬之以幽兰。嘉竹挺翠，彤管含丹。于是班
匠竭巧，良工逞术。缠以素枲，纳以玄漆。丰约得中，不
文不质。尔乃染芳松之淳烟兮，写文象于纨素。动应手以
从心，涣光流兮星布。柔不丝屈，刚不玉折。锋锷淋漓，
芒跱针列。

　　傅元《笔铭》曰：彤管，冉冉轻翰。正色元墨，铭心写言。
光赞天人，深厉未然。君子世之，无攻异端。

　　傅元《鹰兔赋》云：兔谓鹰曰"毋害于物，有益于世"。
华髦被体，彤管以制。仓颉创业，以兴书契。仲尼赖兹，
定此文艺。拟则天地，图画万方，经理群品，宣综阴阳。
内敷七政，班序明堂。道运元昧，非笔不光。三皇德化，
非笔不章。

　　梁简文《咏笔格》诗曰：英华表玉笈，佳丽称珠网。
无如兹制奇，雕饰杂众象。仰出写含花，横插学仙掌。幸
因提拾用，遂厕璇台赏。

梁徐摛《咏笔》诗：本自灵山出，名因瑞草传。纤端奉积润，弱质散芳烟。直写飞蓬牒，横承落絮篇。一逢掌握重，宁忆仲升捐。

晋郭璞《笔赞》：上古结绳，易以书契。经纬天地，错综群艺。日用不知，功盖万世。

后汉李尤《笔铭》：笔之强志，庶事分别，七术虽众，犹可解说。口无择言，驷不及舌。笔之过误，愆尤不灭。

庾肩吾《谢赉铜砚笔格启》：烟磨青石，已践孔鲤之坛；管插铜龙，还笑王生之壁。西域胡人，卧织成之绛簟；游仙童子，隐芙蓉之行阵。莫不尽出梁园，来颁狭室。

嵇含《试笔赋》序：骋韩卢，逐狡兔，日未移晷，一纵双获。季秋之月，毫锋甚伟，遂刊悬崖之竹而为笔，因而为赋。

贾耽《虞书歌》：众书之中虞书巧，体法自然归大道。不同怀素只攻颠，岂类张芝惟扎草。形势素，肌骨老，父子君臣相揖抱。孤青似竹更飕飑，阔白如波长浩渺。能方正，不欹倒，功夫未至难寻奥。须知孔子庙堂碑，便是青细中至宝。

成公绥字子安，《弃故笔赋》序曰：治世之功，莫尚于笔。笔者，毕也，能毕具万物之形，序自然之情也。力未尽而弃之粪扫，有似古贤之不遇。于是收取，洗而弃之，用其力而残其身焉。

有仓颉之奇生，列四目而兼明；慕羲氏之画卦，载万物于五行。乃发虑于书契，采秋毫之颖芒，加胶漆之绸缪，结三束而五重。建犀角之元管，属象齿于纤锋（答也），染青松之微烟，著不泯之永踪。则象神仙，人皇九头；式范群生，异体怪躯。注王度于七经，训河洛之纤纬；书日月之所躔，别列宿之舍次。乃皆是笔之勋，人日用而不寤，迄尽力于万钧，卒见弃于衢路。

唐张碧《答张郎中分寄翰林贡余笔歌》：圆金五寸轻错刀，天人摘落霜兔毛。我之宗兄掌文橄，翰林分与神仙毫。东风吹柳作金线，狂涌辞波力生健。此时捧得江文通，五色光从掌中见。江龙角嫩无精彩，昼日挥空射烟霭。谁能邀得怀素来，晴明书破琉璃海。扬雄得之《甘泉赋》，

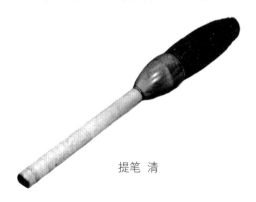

提笔 清

湘妃竹管鸠居堂制笔　清

胸中白凤无因飞。他年拟把补造化，穿江入海剡天涯。昨宵梦见欧率更，先来醉我黄金觥。手擎瑟瑟三十斗，博归天上书《黄庭》。梦中摆手不相许，怅望空乘碧云去。

梁吴均《笔格赋》：幽山之桂树，恒萦风而抱露。叶委郁而陆离，根纵横而盘互。尔其负霜含液，枝翠心赤，剪其片条，为此笔格。跌则岩岩高爽，似华山之孤生；管则员员峻逸，若九嶷之争出。长对坐以衔烟，永临窗而储笔。

梁元帝《谢宣赐白牙镂管启》：春坊漆管，曲降深恩；北宫象牙，猥蒙沾逮。雕镌精巧，镂东山之人物；图写奇丽，笑蜀郡之儒生。故知嵇赋非工，王铭未善。昔伯喈致赠，才属友人；葛龚所酬，止闻通识。岂若远降鸿慈，曲覃庸陋，方觉琉璃无当，随珠过侈。但有羡卜商，无因则削；徒怀曹植，恒愿执鞭。

白乐天《鸡距笔赋》：足之健者有鸡足，毛之劲者有兔毛。就足之中，奋发者利距；在毛之内，秀出者长毫。合为手笔，正得其要。象彼足距，曲尽其妙。圆而直，始造意于蒙恬；利而铦，终逞能于逸少。斯则创因智士，制在良工。拔毫为锋，截竹为筒。视其端，若武安君之头小；窥其管，如元元氏之心空。岂不以中山之明，视劲而俊；汝阴之翰，音勇而雄。一毛不成，采众毫于三穴之内；四者可弃，取锐武于五德之中，双美是合，两揆相同。故不得兔毛，无以成起草之用；不名鸡距，无以表入墨之功。及夫亲手泽，随指顾，秉以律，动以度。染松烟之墨，洒鹅毛之素，莫不画成屈铁，点成垂露。若用之战阵，则摧敌而先鸣；若用之草圣，则擅场而独步。察所以，稽其故，虽云任物以用长，亦在假名而善喻。向使但随物弃，不与人遇，则距蓄缩于晨鸡，毫摧残于塞兔。安得取名于彼，移用在兹？映赤管，状绀趾乍举；对红笺，疑锦臆初披。辍翰停毫，既象于翘足就栖之夕；挥芒拂锐，又似乎奋拳引斗之时。苟名实之副者，信动静而似之。其用不困，其美无俦。因草为号者质陋，折蒲而书者体柔。彼皆琐细，此实殊尤。是以搦之而变成金距，书之而化出银钩。夫然则董狐操，可以勒为良史；宣尼握，可以削定《春秋》。夫其不象鸡之羽者，鄙其轻薄；不取鸡之冠者，恶其柔弱。斯距也，和剑如戟，可系可缚。将壮我之毫芒，必假尔之锋锷。遂使见之者书狂发，秉之者笔力作。挫万物而人文成，草八行而鸟迹落。缥囊或处，类藏锥之沈潜；团扇忽书，同舞镜之挥翟。儒有学书临水，负笈登山，含毫既至，握管未还。过兔园而易感，望鸡树以难攀。愿争雄于爪距之下，冀得隽于笔砚之间。

　　窦纲《五色笔赋》（征诸佳梦，藻思日新）：物有罄奇，文抽藻思。含五采而可宝，焕六书而增媚。岂不以润色形容，昭宣梦寐。渍毫端之一匀，潜合水章；施墨妙于八行，宛成锦字。言念伊人，光辉发身；拳然手受，灼若迷真。载帛惊缬文渐出，临池讶莲彩长新。效用辞林，惊宿鸟之丹羽；

象牙雕笔筒　清　　　蓝上蓝福寿开光墨彩花鸟纹海棠式笔筒　清

呈功学海，间游鱼之彩鳞。所以成尽饰之规，得和光之道；轻肆力于垂露，暗流精于起草。俾题桥之处，转称舒虹；当进牍之时，尤宜奋藻。掌握攸重，文章可惊。揉松烟而霞驳，操竹简而泪凝。倘使书绅，黼黻之容斯美；如令画象，丹青之妙足征。卓尔无双，斑然不一。摘握彩以冥契，刷孤峰而秀出。纷色丝兮宜映练囊，晕科斗兮似开缃帙。动人文之际，怀豹变于良宵；呈鸟迹之前，想乌凝于瑞日。当其色授之初，念忘形而获诸；魂交之次，惊目乱之相于。相发挥于拳石，几迁染于尺书。秉翰苑之间，媚花阴而蔚矣；耕情田之上，临玉德以温如。是知潜应丹诚，暗彰吉梦；嘉不乱之如削，意相宣而载弄。混青蝇之点，取类华虫；迷皓鹤之书，思齐彩凤。故可以彰斯薤叶，点缀桃花；舒彩笺而增丽，耀彤管而孔嘉。彼雕翠羽而示功，镂文犀而穷奢，曾不如被翰藻而发光华。

僧贯休《咏笔》诗：莫讶书绅苦，功成在一毫。自从蒙管束，便觉用心劳。手点身难弃，身间架亦高。何妨成五色，永愿助风骚。

白乐天《紫毫笔》乐府词：紫毫笔，尖如锥兮利如刀。江南石上有老兔，吃竹饮泉生紫毫。宣城工人采为笔，千万毛中拣一毫。毫虽轻，工甚重，管勒工名称岁贡，君兮臣兮勿轻用。勿轻用，将何如？愿赐东西府御史，愿颁左右台起居。搦管趋入黄金阙，抽毫立在白玉除。臣有奸邪正衙奏，君有动言直笔书。起居郎，侍御史，尔知紫毫不易置。每岁宣城进笔时，紫毫之价如金贵。慎勿空将弹失仪，慎勿空将录制词。

韦充《笔赋》：笔之健者，用有所长，惟兹载事，或表含章。虽发迹于众毫，诚难颖脱；苟容身于一管，岂是锋芒。进必愿言，退惟处默，随所动以授彩，寓孤贞而保直。修辞立句，曾无点画之亏；游艺依仁，空负诗书之力。恐无成而见掷，常自悚以研精，择才而丹青不间，应用而工拙偕行。所以尽心于学者，常巧于人情。惟首出筒中，长忧挫锐；及文成纸上，或翼知名。以其提挈不难，发挥有自，纵八体之俱写，亦一毛而不坠。何当入梦，终期暗以相亲；倘欲临池，讵敢辞于历试。今也文章具举，翰墨皆陈，秋毫以削，宝匣以新。但使元礼之门，不将点额；则知子张之手，永用书绅。夫如是则止有所托，知有所因，然后录名之际，希数字于伊人。

卫公李德裕《斑竹管赋》（有序）：予寓居于郊外精舍，有湘中太守赠以斑竹管，奇彩灿烂。爱玩不足，因为小赋以报之。山合沓兮潇湘曲，水潺湲兮出幽谷。缘层岭兮茂

木杆雕花笔 清

奇箓，夹澄澜兮耸修竹。鹧鸪起兮钩絺，白猿悲兮断续。实璀璨兮来凤，根联延兮倚鹿。往者二妃不从，独处兹岑，望苍梧兮日已远，忧瑶瑟兮苔更侵。何精诚之感物，遂散漫于幽林。爰有良牧，采之岩趾，表贞节于苦寒，见虚心于君子。始操截以成管，因天姿之具美；疑贝锦之濯波，似余霞之散绮。自我放逐，块然岩中，泰初忧而绝笔，殷浩默以书空。忽有客兮赠鲤，因起予以雕虫。念楚人之所赋，实周诗之变风。昔汉代之方彤，增其炳焕，缀明玑以为柙，饰文犀而为玩（见博元）。徒有贵于繁华，竟何资乎藻翰。曾不知择美乎江潭，访奇于湘岸。况乃彤管有炜，列于诗人；周得之而操牍，张得之而书绅。惟兹物之日用，与造化之齐均。方宝此以终老，永躬耕乎典坟。

　　韩愈《毛颖传》：毛颖者，中山人也。其先明示，佐禹理东方土，养万物有功，因封于卯地，死为十二神。尝曰："吾子孙神明之后，不可与物同，当吐而生。"已而果然。明示八世孙幹（另作"明视八世孙颛"），世传当殷时居中山，得神仙之术，能匿光使物，窃姮娥，骑蟾蜍入月，其后代遂隐不仕云。居东郭者号曰虦，狡而善走（另作"居东郭者，号曰东郭，虦狡而善走。"），与韩卢争能。卢不及，卢怒与宋鹊谋而杀之，醢其家。秦始皇时，使蒙将军恬南伐楚，次中山，将大猎以惧楚。召左右庶长与军尉，以《连山》筮之，得天与人文之兆。筮者贺曰："今日之获，不角不牙。衣褐之徒，缺口而长须，入窍而趺居。独取其髦，简牍是资。天下其同书，秦其遂兼诸侯乎！"遂围猎毛氏之族，拔其毫载颖而归，献俘于章台宫，聚其族而加束缚焉。秦皇帝使恬赐之汤沐，而封之管城，号曰管城子，日见亲宠任事。颖为人强记而便敏，自结绳之代以及秦事，无不纂录。阴阳、卜筮、占相、医方、族氏、

狼毫笔 现代

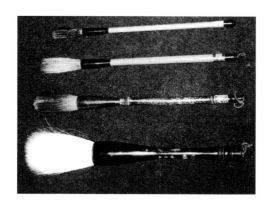

宣笔 现代

山经、地志、字书、图画、九流百家、天人之书，及至浮图、
老子、外国之说，皆所详悉。又通于当代之务，官府簿书、
市井货钱注记，惟上所使。自秦始皇帝及太子扶苏、胡亥、
丞相李斯、中车府令高，下及国人，无不爱重。又善随人
意，正直、邪曲、巧拙，一随其人。虽见废弃，终默而不
泄。惟不喜武士，然见请亦时往。累拜中书令，与上益狎，
上尝呼为"中书君"。上亲决事，以衡石自程，虽宫人不
得立左右，独颖与执烛者常侍。上休方罢。颖与绛人陈元、
宏农陶泓及会稽褚先生友善相推致，其出处必偕上召颖，

三人者不待诏辄俱往，上未尝怪焉。后因进见，上将有任使，拂拭之，因免冠谢。上见其发秃，又所摹画不能称上意，上嬉笑曰："中书君老而秃，不任吾用。吾尝谓君中书，君今不中书耶？"对曰："臣所谓尽心者。因不复召，归封邑，终于管城。其子孙甚多，散处中国夷狄，皆冒管城，惟居中山者，能继父祖业。太史公曰：毛氏有两族：一姬姓，文王之子，封于毛，所谓鲁卫毛聃者，战国时有毛公、毛遂；独中山之族，不知其本所出，子孙最为蕃昌。《春秋》之成，

杭州"邵芝岩"笔庄的湖笔

日本鸠居堂所制毛笔

见绝于孔子而非其罪。及蒙将军拔中山之豪，始皇封诸管城，世遂有名，而姬姓之毛无闻。颖始以俘见，卒见任使。秦之灭诸侯，颖与有功，赏不酬劳，以老见疏，秦真少恩哉！"

魏傅公选《笔铭》：昔在上古，结绳而治。降及后代，易以书契。书契之兴，兴自颉皇。肇建一体，浸遂繁昌。弥纶群事，通远达幽。垂训纪典，匪笔靡修。实为心画，臧否斯由。厥美宏大，置类鲜俦。德馨之著，惟道是将。苟逞其违，祸亦无方。

周朴《谢友人赠笺纸并笔》。
（见《纸谱》）

段成式寄温飞卿葫芦管笔往复二首：

桐乡往还，见遗葫芦笔管，辄分一枝寄上。下走困于守拙，不能大用。落之实，有同于惠施；坚厚之种，本惭于屈毂。然雨思茶器，愁想酒杯，嫌苦菜而不吟，持长柄而为赠。未尝安笔，却省藏书，八月断来，固是佳者。方知绿沈、赤管，过于浅俗，求太白麦穗，获临贺石班，盖可为副也。飞卿穷素绁之业，擅雄伯之名，沿沂九流，订铨百氏。笔洒沥而转润，纸襞绩而不供，或助操弹，且非玩好。便望审安承墨，细度覆毫，勿令仲宣等闲中咏也。成式状。

温庭筠答：庭筠累日来洛水寒疝，荆州夜嗽，筋骸莫摄，邪

粉彩开光石纹笔筒 清

青玉叶形洗 明

仿痕玉活环菊花洗 清

蛊相攻。蜗脘伤明，对兰缸而不寝；牛肠治嗽，嗟药录而难求。前者伏蒙赐葫芦笔管一茎，久欲含词，聊申拜贶。而上池未效，下笔无聊，惭况沉吟，幽怀未叙。然则产于何地，得自谁人，而能洁以裁筠，轻同举羽？岂伊蓍草，空操九寸之长；何必灵芝，独号三株之秀。但曾藏戢册省，永贮仙居，供笑遗民，遽求佳种，惟应仲履，忽压烦声。岂常见已堕遗犀，仍抽直干，青松所染，漆竹非珍，足使玟瑂惭华，琉璃掩耀。一枚为贵，岂其陆生；三寸见称，遂兼杨子。谨当刊于岩竹，置以郊翰，随纤利而为床，拟高低而作屋。所恨书裙寡媚，钉帐无功，实腼凡姿，空尘异贶。庭筠状。

陆龟蒙《石笔架子赋》：杯可延年，帘能照夜，直为绝代之物，以速连城之价。尔材虽足重，质实无妍，徒亲翰墨，漫费雕镌，到处而人争阁笔，相逢而竞欲投篇。若遇左太冲，犹置门庭之下；如逢陆内史，先焚章句之前。宝跗非邻，金匣不敌，真堪谏诤之士，雅称元灵之客。谢守城边雨细，题处堪怜；陶公岭畔云多，吟中合惜。或若君王有命，玺素争新，则以火齐、水晶之饰，龙膏、象齿之珍，窥临奋视，襞染生春。卫夫人闲弄彩毫，思量不到；班婕好笑提丹笔，眄睐无因。若自蕺山，如当榧儿，则叩居谈柄之列，辱在文房之里。诚非刻画，几受谴于纤儿；终假磨砻，幸见容于夫子。可以资雪唱，可以助风骚，莫比巾箱之贵，堪齐铁研之高。吟洞庭之波，秋声敢散；赋瑶池之月，皓色可逃。若有白马潜心，雕龙在口，钩罗不下于三箧，裁剪无惭于八斗。零陵例化，肯后于双飞；元晏书成，愿齐于不朽。

陆龟蒙《哀茹笔工辞》：夫余之肱兮何绵绵，耕不能耒兮水不能船。裁筠束毫，既胜且便。昼夜今古，惟毫是镌。爰有茹工，工之良者。择其精粗，在价高下。阙鬣叉互，尚不能舍。旬濡数锋，月秃一把。编如蚕丝，汝实助也。我书之奇，浑源未衰。惟汝是赖，如何已而。有兔千万，拔毛止皮。散涩钝铓，缙觚靡辞。圆而不流，铦而不欹。在握方深，亦茹之为。斫轮运斤，传之者谁？毫健身殒，吾宁不悲。噫！

北京书画笔

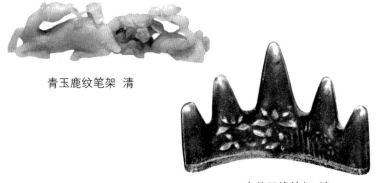

青玉鹿纹笔架　清

青花五峰笔架　清

段成式《寄余知古秀才散卓笔十管软健笔十管书》：

窃以《孝经·援神契》，夫子赞之，以拜北极；《尚书中候》，周公援之，以出元图。其后仲将稍精，右军益妙，张芝遗法，闾氏新规。其毫则景成愈于中山，麝柔劣于羊径。或得悬蒸之要，或传痛颉之方。起自蒙恬，盖取其妙。不唯元首黄琯之制，含丹缠素之华，软健被于一床，雕止于二管而已。跗则太白麦穗，临贺石班，格为仙掌之形，架作莲花之状。限书一万字，应贵鹿毛；价抵四十枝，讵兼人发。前件笔出自新淦，散卓尤精；能用青毫之长，似学铁头之短。况虎仆久绝，桐烛难成；鹰固无惭，兔或增惧。足使王朗遽阁，君苗欲焚；户牖门墙，足备其阙也。

余知古《谢段公五色笔状》：伏蒙郎中殊恩，赐及前件笔。窃以赵国名毫、辽东仙管，曾进言于石室，奏议于圆邱。

经阮籍而飞动称神，得王廙而形制方大。妙合景纯之赞，奇标逸少之经。利器莫先，岂宜虚授？某艺乏鸿彩，膺此绿沈，降自成麟，翻将画虎，空怀得手之愧，如无落度之忧，春蚓未成，丰狐滥对，喜并出图而授，惊逾入梦之征。将欲遗于子孙，清白莫比；更愿藏之箧笥，瑞应那同。捧戴明恩，伏增感激。谨状。

殷元《笔铭》云：宣神者言，载言者书。受以毫管，妙旨以敷。弥纶二像，包括有无。

孔璠之《笔赞》曰：柔翰，敷微通神。时沦古冥，玄趋常新。

笔挂 现代

附：与笔有关的文房器具

黄釉竹节雕春牛图笔筒 清

碧玉九老图笔筒 清

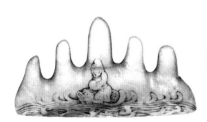

白玉笔架 清

青玉凤凰松树笔架 清

黄杨木天然笔架 清

青玉福寿花形洗　明　　　　　　　墨玉椭圆梅花洗　明

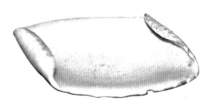
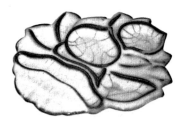

白釉荷叶式笔掭　五代　　　　　　仿官窑笔掭　清

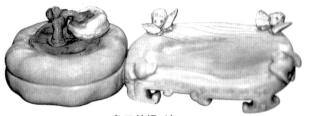

象牙笔掭　清

砚 谱

◎ 一之叙事

◎ 二之造

◎ 三之杂说

◎ 四之辞赋

对砚石的色泽、硬度、韧性、渗透性、冷热适应能力以及制作方法和外形等都有详细的介绍，同时还介绍了作澄泥砚法，这是我国古代造砚艺术的萌芽。

一之叙事

本节主要叙述了砚台的起源和各类砚台的故事。

昔黄帝得玉一纽，治为墨海焉。其上篆文曰"帝鸿氏之砚"。又《太公金匮·砚之书》曰："石墨相著而黑，邪心谗言，无得污白。"是知砚其来尚矣。

《释名》云：砚者，研也。可研墨，使和濡也。

伍缉之《从征记》云：鲁国孔子庙中有石砚一枚，制甚古朴，盖夫子平生时物也。（及颜路所请之车亦存。）

王子年《拾遗》云：张华造《博物志》成，晋武帝赐青铁砚[①]。此铁于阗国所贡，铸为砚也。

又吴都有砚石山。

颜料研磨器 仰韶文化

---

① 青铁砚：西汉时期以铁铸砚，故有铁砚之称。此指青州铁砚。

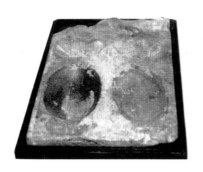

石砚　秦

魏武《上杂物疏》云：御物有纯银参带台砚一枚，纯银参带圆砚大小各四枚。

《开元文字》云：砚者，墨之器也。《东宫故事》云：晋皇太子初拜，有漆砚①一枚，牙子②百副。

又，皇太子纳妃，有漆书砚一。

刘澄之《宋初山川古今记》云：兴平县蔡子池石穴深二百许丈，石青色，堪为砚。

《说文》云：石滑谓之砚，字从石、见。

魏甄后少喜书，常用诸兄笔砚，其兄献之曰："汝欲作女博士耶？"后曰："古之贤女，未有不览前史以观成败。"

---

① 漆砚：指漆沙砚，胎质轻巧坚细，耐磨，耐用，又可以用木雕和漆艺进行装饰，是清代风行一时的砚台品种。
② 牙子：指象牙。

瓦当砚　汉

或云：端州石砚匠识山石之脉理，凿之，五七里得一窟，自然有圆石，青紫色，琢之为砚，可值千金，故谓之子石砚①窟。虽在五十里外亦识之。

《西京杂记》云：天子玉几，冬加绨锦其上，谓之绨几。以象牙火笼，其上皆散华文。后宫则五色绫纹。以酒为书滴，取其不冰。以玉为砚，亦取其不冰。

昔有人盗发晋灵公冢。冢甚魁壮，四角皆以石为攫犬捧烛。石人四十余人，皆立侍。尸犹不坏，九窍之中，皆有金玉。获蟾蜍一枚，大如拳，腹容五合水，润如白玉，为盛书滴器。（同见《杂记》中）

张彭祖少与汉宣帝微时同砚席。帝即位，以旧恩封阳都侯，出常参乘。曹爽与魏明帝亦然。（刘宏与晋武帝亦同见《杂记》中）

---

① 子石砚：用上等端石制作的砚台。

崔寔《四民月令》云：正月砚冻开，命童幼入小学。十一月砚水冰，命童幼读《孝经》《论语》。

《墨薮》云：凡书砚，取煎涸新石，润湿相兼，又浮津辉墨者。

《隋书》：宇文庆少年时，曰："书足以记姓字，安能久事笔砚？"（有项羽、班超之志）

柳公权尝宝惜笔砚并图书，自扃鐍之。常云："青州石未为第一矣，今磨讫，墨易冷。绛州之砚次之。"

刘聪谓晋怀帝曰："顷昔赠朕柘弓银砚，卿颇忆否？"

石砚 汉

盘龙石砚 汉

白釉辟雍砚 隋

鸟纽辟雍盖砚 唐

圈足砚 唐

龟形石砚 唐

石砚 唐

帝曰："焉敢忘之，但恨不能早识龙颜。"

萧子显《齐书》云：王慈年八岁，外祖宋太祖、江夏王义恭施宝物，恣其所取。慈但取素琴、石砚而已，义恭善之。

晋范乔，字伯孙。年二岁时，其祖馨抚乔首曰："所恨不得见汝成人。"以所用砚与之。至五岁，祖母告乔，乔执砚而泣之。

箕形砚 唐

龙泉窑粉青釉龙龟砚滴 宋

《通典》云：虢州岁贡砚十枚。

又，《永嘉郡记》云：砚溪一源多石砚。

李阳冰云：夫砚，其用则贮水，毕则干之。居久浸不干，墨乃不发。墨既不发，书乃多渍。水在清净，宜取新水，密护尘埃，忌用煎煮之水也。袁豹赠庾羲蚌砚。（见《笔谱》中）

梁武帝性纯俭。吴令唐进铸成盘龙火炉、翔凤砚盖，诏禁锢终身。

二之造

本节主要讲述砚台的制作原料和过程。

　　柳公权常论砚，言青州石①未为第一，绛州者次之，殊不言端溪石砚②。世传端州有溪，因曰端溪。其石为砚至妙。益墨而至洁。其溪水出一草，芊芊可爱。匠琢讫，乃用其草裹之，故自岭表迄中夏而无损也。噫！岂非天使之然耶？或云水中石其色青，山半石其色紫，山绝顶者尤润，如猪肝色者佳。其贮水处，有白赤黄色点者，世谓之鸜鹆眼。

龙吟翕州龙尾石砚　南宋

---

① 青州石：又称青州怪石，主要产于山东省潍坊市的青州市益都至临朐县之间的山峦坡土中。该石的石质为石灰岩，质地细腻；石形玲珑剔透、千奇百怪。或以瘦、透、漏、皱见长，或以纹理奇特著称。
② 端溪石砚：四大名砚之一，产于唐初端州。与安徽歙砚、山西澄泥砚、甘肃洮砚齐名。

褐釉兽座箕形瓷砚 唐

或脉理黄者，谓之金线纹，尤价倍于常者也。其山号曰斧柯山，即观棋之所也。昔人采石为砚，必中牢祭之。不尔，则雷电勃兴，失石所在。其次有将军山，其砚已不及溪中及斧柯者。

今歙州之山有石，俗谓之龙尾石①。匠铸之砚，其色黑，亚于端。若得其石心，见巧匠就而琢之，贮水之处圆转如涡旋，可爱矣。

魏铜雀台遗址，人多发其古瓦，琢之为砚，甚工，而贮水数日不渗。世传云，昔人制此台，其瓦俾陶人澄泥，以絺绤滤过，碎胡桃油方埏埴②之，故与众瓦有异焉。即今

---

① 龙尾石：产自江西婺源东北部龙尾山。婺源龙尾山是中国四大名砚之一——歙砚的矿石生产基地，歙砚的根源就在婺源。龙尾石有罗纹、眉纹、金星、金晕、鱼子等五大类石品。

② 埏埴（shān zhí）：指用水和黏土，揉成可制器皿的泥坯。

之大名、相州等处，土人有假作古瓦之状砚，以市于人者甚众。

繁钦《砚赞》云："或薄或厚，乃圆乃方，方如地体，圆似天常。班温采散，色染毫芒，点黛文字，耀明典章。施而不德，吐惠无疆，浸渍甘液，吸受流芳。"盖今制之令薄者，常观见之，令一夫捧持，匠方琢之。或内于稻谷中，出其半而理之，其錾如粗针许。制毕，有如表纸厚薄者。或有全良石之材，工其内而质其外者。或规如马蹄，锐如莲叶，上圆下方，如圭如璧者。圆如盘，而中隆起，水环之者，谓之辟雍砚，亦谓之分题砚。腰半微坳，谓之郎官样者。

抄手端石砚和拓片　宋

蝉形歙砚 宋

陶箕形砚 元

连水滴器于其首而为之者，穴其防以导水焉。闭其上穴，则下穴取水，流注于砚中。或居常，则略无沾覆。繁之铭见之矣。

又繁钦《砚颂》曰："钧三趾于夏鼎，象辰宿之相扶。"今绝不见三足砚。仆尝游盱眙泉水寺，过一山房，见一老僧拥衲向旸^①，模写梵字。前有一砚，三足如鼎，制作甚古。仆前举而讶之，僧白眼默然不答，仆因不复问其由。是知繁颂足可征矣。

傅玄《砚赋》云：木贵其能软，石美其润坚。因知古亦有木砚。

作澄泥砚法：以墐泥令入于水中，挼之，贮于瓮器内。然后别以一瓮贮清水，以夹布囊盛其泥而摆之，俟其至细，去清水，令其干，入黄丹团，和溲如面。作一模如造茶者，

玉带砚 宋

---

① 旸：旭日初升。

以物击之，令至坚。以竹刀刻作砚之状，大小随意，微荫干。然后以利刀子刻削如法，曝过，间空垛于地，厚以稻糠并黄牛粪搅之，而烧一伏时。然后入墨蜡贮米醋，而蒸之五七度。含津益墨，亦足亚于石者。

　　唐李匡乂撰《资暇集》云：稠桑砚[1]，始因元和初其叔祖宰虢之朱阳邑。诸阮温清之隙，必访山水以游。一日，于涧侧见一紫石，憩息于上，佳其色，且欲纪其憩山之游。既常携镌具随至，自勒姓氏年月，遂刻成文，复无刓缺。乃曰："不利不缺，可琢为砚矣。"既就琢一砚而过，但惜其重大，无由出之。更行百步许，至有小如拳者，不可胜纪。遂令从者挈数拳而出，就县第制琢。有胥性巧，请琢之，遂请解胥籍。于是采琢开席于大路，厥利骤肥。后诸阮每经稠桑，必相率致砚，以报其本焉。稠桑石砚自此始也。

---

① 稠桑砚：古代名砚，即虢州砚，又称钟馗砚。虢州石除用以制砚，因其色彩斑斓如画，还用以制作砚屏和观赏石。

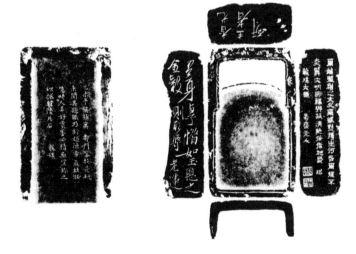

陈洪绶铭端砚和拓片　明

三之杂说

本节主要讲述关于砚台的轶闻杂事。

古人有学书于人者，数年，自以其艺成，遂告辞而去。师曰："吾有一箧物，可附于某处。"及山之下，绝无所付，又封题①亦甚不密。乃启之，皆磨穴者砚数十枚，此人方知其师夙之所用者也。乃返山，服膺②至皓首，方毕其艺。是知古人工一事，必臻其极焉。

西域无纸笔，但有墨。彼人以墨磨之甚浓，以瓦合或竹节，即其砚也。彼国人以指夹贝叶，或藤皮，掌藏墨砚。以竹笔书梵字，横读成文，盖顺叶之长短也。常见梵僧沸唇缓颊，历眄之间，数行俱下，即不知其义也。

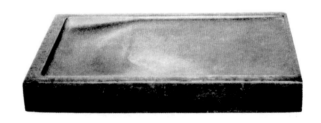

歙石长方形砚 明

① 封题：物品封装妥善后，在封口处题签。
② 服膺：牢牢记在心里，衷心信服。

大般涅槃经迦叶菩萨品第十二（局部）

蓝田王顺山悟真寺，有高僧写《涅槃经》，群自空中衔水添砚，水竭毕至。曾闻彼山僧传云，亦见于白傅百余韵诗。

常有蚁为精为王者，游猎于儒士之室。儒士见之，甚微且显。乃于几案之上砚中施罾网，获鲂鲤甚多。

郑朗以状元及第覆落，甚不得志。其几案之砚忽作数十声，郑愈不乐。时洪法师在座，曰："砚中作声，有声价之象。"朗后果出入台辅，斯吉兆也明矣。今直阁范舍人杲，言顷自大暑直馆于史阁中，与诸学士清话，闻范公

石砚 明 　　　　　　　　　洮河石长方形砚 明

歙石长方形砚 明

澄泥卧牛形砚 明

澄泥仿古铜砚 清

几案之上所用砚，或作一十五声，丁丁然，甚骇之。范独内喜。追半月，有朱衣银鱼之赐。亦异事也。

魏孝静帝有芝生铜砚①。

今睹岁贡方物中，虢州钟馗石砚二十枚，未知钟馗得号之来由也。

越州戒珠寺即羲之宅，有洗砚池，至今水常黑色。今金州廉使钱公言。

僖宗朝，郑畋、卢携同为相，不协，议黄巢事，怒争于中书堂。卢拂衣而起，袂染于砚，而投之。

《开天传信记》云：元宗所幸美人，忽梦人邀去纵酒密会，因言于上。上曰："必术人所为也。汝若复往，宜

---

① 芝生铜砚：宫廷名砚，金属砚。

以物志之。"其夕孰寐，飘然又往。半醉，见石砚在前，乃密印手文于曲房屏风上。悟而具启，乃潜令人访之于东明观，见其屏风手文尚在，所居道人已遁矣。

梁元帝忠臣传曰：刘宏，沛国人。常寄居洛阳，与晋武帝同砚席。《笔阵图》：以水砚为城池。

《异苑》：蒋道友于水侧见一浮柤[1]，取为砚，制形象鱼。有道家符谶及纸，皆内鱼砚中。尝自随二十余年，忽失之。梦人云："吾暂游湘水，过湘君庙，为二妃所留。今暂还，可于水际见寻也。"道友诘旦至水侧，见罟者得一鲤鱼，买剖之，得先时符谶及纸，方悟是所梦人弃之。俄而雷雨屋上，有五色气直上入云。有人过湘君庙，见此鱼砚在二妃侧。

鱼形石砚 清

---

① 柤（zhā）：残余的木桩。

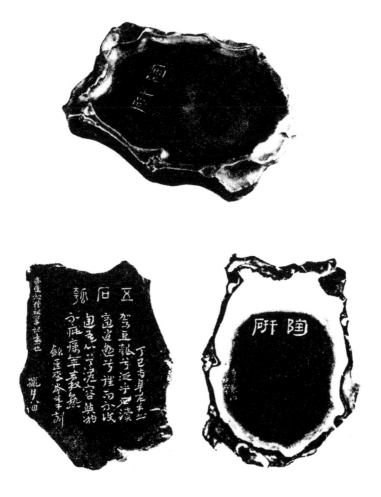

高凤翰澄泥砚和拓片　清

《宣室志》云：有蒋生者，好道之士也。逢一贫窭人，自称章全素，自役使来，怠惰颇甚。蒋生频榰楚之。忽一日语蒋生曰："君几上石砚，某可点之为金。"蒋生愈怒其诳诞。时偶蒋生忽出，追归，章公已死矣，然失几上之砚。因窥药鼎中有奇光，试探得砚，而一半已为紫磨金矣。蒋因叹愤终身也。

近石晋之际，关右有李处士者，放达之流也。能画驯狸，复能补端砚至百碎者。赍归旬日，即复旧焉，如新琢成，略无瑕颣。世莫得其法也。

宜兴雕龙砚 清

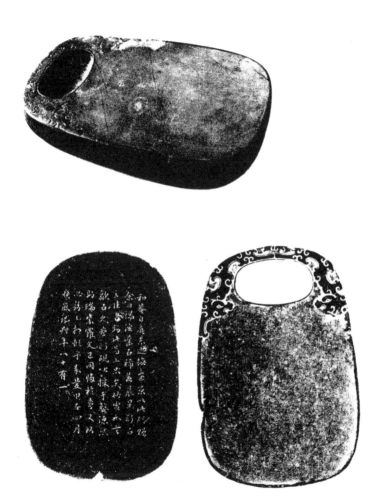

纪昀铭端砚和拓片 清

四之辞赋

傅玄《砚赋》：采阴山之潜璞，简众材之攸宜。即方圆以定形，锻金铁而为池。设上下之剖判，配法象乎二仪。木贵其能软，石美其润坚。加朱漆之胶固，含冲德之清元。

杨师道《咏砚》诗：圆池类辟水，轻翰染烟华。将军班定远，见弃不应赊。李尤《砚铭》：书契既造，砚墨乃陈。篇籍永垂，记志功勋。

魏·王粲《砚铭》：爰初书契，以代结绳。人察官理，庶绩诞兴。在世季末，华藻流淫。文不写行，书不尽心。淳朴浇散，日以崩沈。墨运翰染，荣辱是惩。念兹在兹，惟元是徵。

碧玉"莲叶"随形砚 清

端石瓜碟砚 清

乾隆御题诗文夔龙纹松花石砚　清

唐·李贺《青花紫砚歌》：端州石工巧如神，踏天磨刀割紫云。佣纴抱水含满唇，暗洒苌宏冷血痕。纱帏昼暖墨花春，轻沤漂沫松麝薰。干腻薄重立脚匀，数寸秋光无日昏。圆毫促点声清新，孔砚宽顽何足云。

傅玄《水龟铭》：铸兹灵龟，体象自然。含源味水，有似清泉。润彼元墨，染此柔翰。申情写意，经纬群言。

韩愈《瘗砚文》序曰：陇西李元宾始从进士，贡在京师。

或贻之砚，四年悲欢否泰，未尝废用，与之试艺春官。天宝二年登上第，行于褒谷间，误坠地毁焉，乃匣归埋于京师里中。昌黎韩愈，其友人也，赞而识之曰："土乎成质，陶乎成器。用复其质非生死类，全斯毁不忍弃。埋而识之仁之义，砚乎砚乎瓦砾异。"

张少传《石砚赋》（山水清辉，墨妙笔精）：砚之施也被乎用，石之质也本乎山。温润称珍，腾异彩而玉色；追琢成器，发奇文而绮斑。盖求伸于知己，爰得用于君子。故立言之徒，载笔之史，将吮墨以濡翰，乃操瓠而汲水。始烂烂以光澈，终霏霏而烟起，或外圆而若规，或中平而如砥。原夫匠石流盼，藻莹生辉，象龟之负图乍伏，如鹊之缄印将飞。设之户庭，王充之名允著；置之藩溷，左思之用无违。徒观夫清光景耀，真质霜净，符彩华鲜，精明

龙凤砚 清

高凤翰铭莲叶田田端石砚 清

隐映。皎如之色，比藏冰之玉壶；焕然之文，壮吐菱之石镜。当其山谷之侧，沈冥未识；韫玉吐云，怀珍隐德，因入用以磨砺，由其人而拂拭。故能抚之类磬发奇音，对之若镜开新色。既垂文以成象，亦澄澜而渍墨。砚之用也，讵可兴叹而焚；石之磬然，孰谓有时而泐。斯可以正典谟之纪，垂篆籀之则者也。遂更播美六书，传芳三妙。用之汉帝，尝同彭祖之席；存之鲁国，犹列宣尼之庙。是以遗文可述，兹器爱匹。匪销匪铄，良金安可比其刚；不磷不缁，美玉未足方其质。光鸟迹于青简，发龟文于洪笔。则知创物作程，事与利并。兹砚也，所以究墨之妙，穷笔之精者也。

端石九眼方砚　清

端石云蝠砚　清

带盒长方形端砚　清

洮河石砚　清

鱼脑冻砚　清

三星五福石砚 清

　　黎逢《石砚赋》：有子墨客卿，从事于笔砚之间，学旧史之暇日，得美石于他山。琢而磨之，其滑如砥。欲砚精而染墨，在虚中而贮水；水随晕而环周，墨浮光而黛起。明而未融，是以为用；久而不渝，故以为美。成器尚古，征阙里之素王；匠法增华，参会稽之内史。且王言惟一，道心惟微，于以幽赞，由之发挥。从人之欲，委质莫违；代若退弃，民将畴依。肃观光而雾集，赖设色而烟霏；实将振文而为邦，岂惟蕴玉而山辉者哉！君无谓一拳之石取其坚，君无谓一勺之水取其净，君其遂取，我有成性，苟有补于敷闻，固无辞于蕴映。惟圣人有大宝，昊天有成命，莫不自我以载形，因我以施令，志前王之事业，作后人之龟镜。夫物迁其常，天运不息，水有涸兮石有泐。代贵其不磷，我则受其坚；代贵其不染，我则受其黑。象山下之泉，为天下之式。因碌碌于俗间，类栖栖于孔墨。呜呼！辞尚体要，文当绝妙，虽濡翰其不疲，无烦文而取诮。爰贡君子，以其劲质，或升之堂，或入之室。对此大匠，厕诸鸿笔，见珍于杀青之辰，为用于草《元》之日。夫气结为石，物之至精；攻之为砚，因用为名。事若可久，代将作程。斯器也，不独坚之为贵，谅于人之有成。

吴融，字子华，《古瓦砚赋》：勿谓乎柔而无刚，土埏而为瓦；勿谓乎废而不用，瓦砆而为砚。藏器蠖屈，逢时豹变。陶甄已往，含古色之几年；磨莹俄新，贮秋光之一片。厥初在冶成象，毁方效姿；论坚等甓，斗缥胜瓷。

红丝石砚 清

歙石金星随形砚 清

人莫我知，是冬穴夏巢之日，形为才役，乃上栋下宇之时。扶同杞梓，回避茆茨。若乃台号姑苏，殿称枵诣；楼标十二之耸，阁起三重之丽。莫不瓴甋凝辉，鸳鸯叠势，缝密如锁，行疏若缀，衔来而月影重重，漏出而炉香细细。瓯棱金爵，竞托岩峣；玉女胡人，争来睥睨。陵谷难定，松薪忽焉：朝歌有已秀之麦，咸阳有不灭之烟。是则纵横旧址，散乱荒阡；风飘早落，雨滴仍穿。藏弥迤之春芜，耕牛脚下；照青荧之鬼火，战骨堆边。谁能识处，亦莫知年。何期邂逅，见宠雕镌；资乎有作，备我沉研。磬在水以羞浮，钟因霜而谢响；玉滴一堕，松烟四上。山鸡误舞，澄明之石镜当头；织女疑来，清浅之银河在掌。异哉！昔之藏歌盖舞，庇日干霄；繁华几代，零落一朝。委地而合堕尘土，依人而却伍琼瑶。天禄石渠，和铅即召；风台雪苑，落笔争邀。依依旧款，历历前朝。沈家令座上回看，能无泪下；

江中书归来偶见，得不魂销。有以见古今推移，牢笼眇漫；成败皆分，短长一贯，何树春秋各千年，何花开落惟一旦？星陨地以为石，尽灭光辉；鸡升天而上仙，别生羽翰。异类犹然，浮生莫！

王嵩崿《孔子石砚赋》：昔夫子有石砚焉，邈观器用，宛无雕镌；古石犹在，今人尚传。从叹凤兮何世？至获麟兮几年？爰止爰定？几徂几迁？任回旋于几席，垂翰墨于书编；时亦远矣，物仍在焉。非圣人之休祐，安得兹而不捐。泊乎俗远圣贤，教移齐鲁，列庙以居，先师攸主。上荧荧以光彻，旁幂幂而色固；介尔坚贞，确乎规矩。昔有诸侯力政，周道无闻，嗟礼乐之仍缺，叹《诗》《书》之未分。圣人乃启以褒贬，垂以典坟；必藉斯器，用成斯文：盖石固而人往，亦有事乎砚云。至乃方质圆形，铜模龟首；雕饰为用，陶甄可久。横彩烟而不绝，添渌水之常有；岂如是石，斯为不朽。昔偶宣父，厥容伊何；旁积垂露，中含

白玉荷叶式砚　清

青玉鹅式砚　清

偃波。时代迁移，去游夏而弥远；日月其迈，变炎凉之已多。别有缝掖书生，献策东京；仰望先哲，攻文后成；叩秉笔以当问，愧含毫而颂声。

李琪《谢朱梁祖大砚瓦状》：蒙恩赐臣前件砚者。伏以记室濡毫于楯鼻，刃侧非多；史臣染翰于螭头，筒形甚小。尚或文章焕发，言动必书，为号令之词，作典谟之训。如臣者，坐忧才短，行怯思迟，自叨金马之近班，常愧玉蟾之旧物。岂可又颁文器，周及禁林。制作泓渟，规模广滑；闭宫苔而色古，连池石以光凝。敢不致在坐隅，醑兹笔阵。余波浸润，便同五老之壶；终日拂磨，岂得一丸之墨。如承重宝，倍感殊恩。

僧贯休《咏砚》诗：浅薄虽顽朴，其如近笔端。低心蒙润久，入匣便身安。应念研磨久，无为瓦砾看。倘然人不弃，还可比琅玕。

魏繁钦《砚颂》：有般倕之妙匠兮，颖诡异于迺都。稽山川之神瑞兮，识玑璇之内敷。遂萦绳于规的兮，假卞氏之遗模。拟浑罂之肇朴兮，效羲和之毁隅。钧三趾于夏鼎兮，象辰宿之相扶。供无穷之秘用兮，御几筵而优游。

庄南杰《寄郑碏叠石砚歌》：娲皇补天残锦片，飞落人间为石砚。孤峰削叠一尺云，虎干熊跪势皆遍。半掬春泉澄浅清，洞天彻底寒泓泓。笔头抢起松烟轻，龙蛇怒斗秋云生。我今得此以代耕，如探禹穴披峥嵘。披峥嵘，心骨惊，坐中仿佛到蓬瀛。

李琪《咏石砚》：远来柯岭外，近到玉堂间。乍琢文犹涩，新磨墨尚悭。不能濡大笔，何要别秋山。

刘禹锡《赠唐秀才紫石砚》诗：端溪石砚人间重，赠我应知正草《元》。阙里庙中空旧物，开方灶下岂天然。玉鋋吐水霞光净，彩翰摇风绛锦鲜。此日佣工记名姓，因君数到墨池前。

端石灵芝长方砚　清

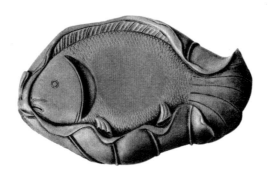

荷叶鲤鱼澄泥砚 现代

歙砚 现代

附：与砚有关的文房器具

越窑兔形砚滴　三国

青瓷兔形水注　晋

宣德款龟形铜滴　明

铜蟾形砚滴　明

天蓝釉小水盂　清

玛瑙荷叶水丞　清

宜兴窑双螭福寿水丞　清

青玉秋蝉桐叶水丞　清

紫晶玉兰花水丞　清

纸 谱

◎ 一之叙事
◎ 二之造
◎ 三之杂说
◎ 四之辞赋

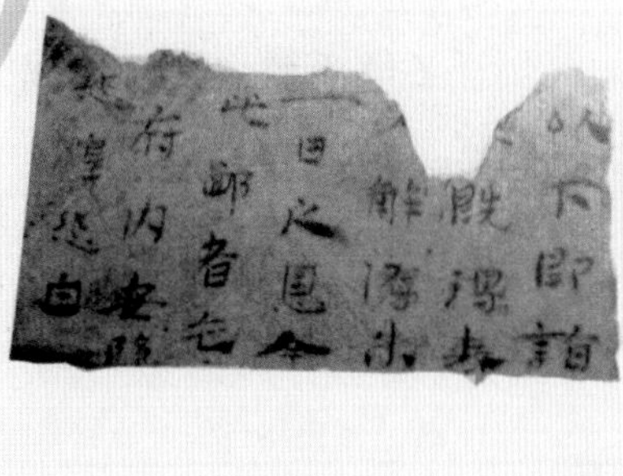

介绍了一般的造纸原料，如破布、渔网等，还介绍了用麻束造玉屑和屑骨等造纸技术。

一之叙事

本节详细讲述制造毛笔所需要的材料和过程。

《周礼》有史官掌邦国，大事书于策①，小事简牍而已。而古又用札②。《释名》云："札者，栉也，如栉之比编之也，亦策之类也。"汉兴，已有幡纸③代简，而未通用。至和帝时，蔡伦字敬仲，用树皮及敝布渔网以为纸，奏上，帝善其能。自是，天下咸谓之"蔡侯纸"。

左伯，字子邑，汉末益能为之。故萧子良《答王僧虔书》云："子邑之纸，研妙辉光。仲将之墨，一点如漆。"

竹简 秦

① 策：古代称连编好的竹简或简策为策，用于记事。
② 札：古代写字的小木简。
③ 幡纸：古代裁剪成一定规格，用来写字的绢帛。

麻纸 西汉

《说文》云："纸者，絮一苫也。从糸，氏声。"盖古人书于帛，故裁其边幅，如絮之一苫也。《真诰》云：一条有杨掾，掾名曦。书两本，一黄笺，一碧笺。

魏韦诞云：蔡邕非纨素[①]不妄下笔。张芝善书，寸纸不遗，有绢必先书后练。桓元诏平淮，作桃花笺纸及缥绿青赤者，盖今蜀笺之制也。

《真诰》云：三君多书荆州白笺纸，岁月积久，首尾零落，或兼缺烂。前人糊搨，不能悉相连补。

《释名》曰：纸者，砥也。谓平滑如砥也。

幡纸，古者以缣帛依书长短，随事截之，以代竹简也。

---

① 纨素：白色的绸子，洁白的细绢。

麻纸　东汉

　　服虔《通俗文》曰：方絮曰纸，字从糸，氏，无氏下从巾者。

　　又桓玄令曰：古无纸，故用简，非主于恭。今诸用简者，宜以黄纸代之。

　　虞预表云：秘府有布纸三万余枚，不任写御书。乞四百枚付著作吏，写起居注。

　　广义将军岷山公以黄纸上表于慕容儁。儁曰："吾名号未异于前，何宜便尔？"让，令以白纸称疏。

　　古有藤角纸[①]。范宁教云："土纸不可作文书。"皆令用藤角纸。

---

① 藤角纸：藤皮造的纸，主要产于浙江余杭等地。

帛书 汉

早期写有汉字的纸 汉

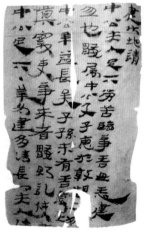

悬泉置纸帛 汉

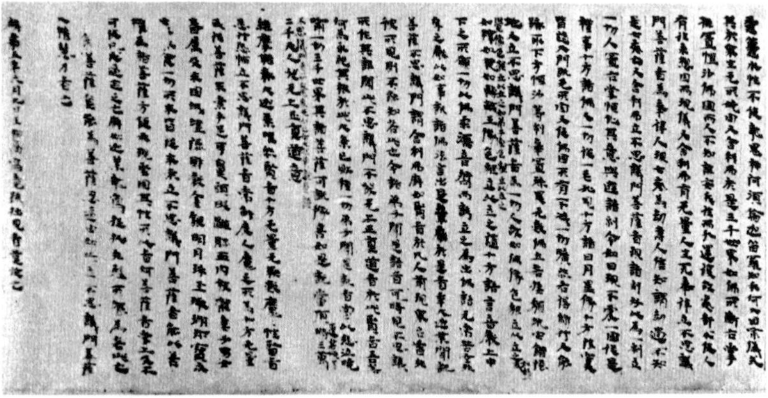

写经纸 东晋后凉麟嘉五年

古谓纸为幡，亦谓之幅，盖取缯帛之义也。自隋唐已降，乃谓之枚。

魏武令曰：自今诸掾属、侍中、别驾，常于月朔各进得失，给纸函各一。

张华造《博物志》成，晋武帝赐侧理纸①万番，南越所贡。汉人言陟釐与侧理相乱，盖南人以海苔为纸，其理纵横邪侧，因以为名。

---

① 侧理纸：它是晋代越人以水苔为原料制作而成的纸，又称苔纸或台笺。因其纸面上纹路纵横交错，斜侧错落，故称侧理纸。再者水苔别称陟厘，故有陟厘纸名。

《东观汉记》曰：和熹邓后临朝，万国贡献悉令禁绝，岁时但供纸墨而已。

李阳冰云：纸常宜深藏箧笥，勿令风日所侵。若久露埃尘，则枯燥难用矣。攻书者宜谨之。

《墨薮》云：纸取东阳鱼卵虚柔滑净者。

《三辅决录》曰：韦诞奏，蔡邕自矜能书，兼明斯籀之法，非得纨素，不妄下笔。工欲善其事，必先利其器用。张芝笔、左伯纸及臣墨，皆古法。兼此三具，又得臣手，然后可尽径丈之势、方寸之言。

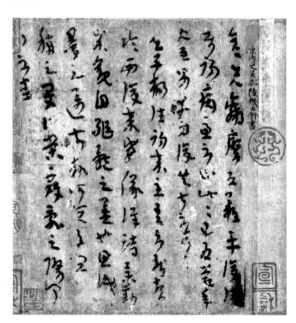

麻纸 平复帖
陆机 晋

藤纸 快雪时晴帖 王羲之 晋

《晋书》：为诏以青纸紫泥。

贞观中，始用黄纸写敕制。

高宗上元二年诏曰：诏敕施行，既为永式。比用白纸，多有虫蠹。宜令今后尚书省颁下诸司、诸州县，宜并用黄纸。欧阳通，纸必坚洁白滑者方书之。

萝轩变古笺谱 清

陶侃献晋帝笺纸三千枚，极妙，并墨。

《东宫旧事》：皇太子初拜，给赤纸、缥红麻纸、敕纸各一百张。

雷孔璋曾孙穆之犹有张华与其祖书，所书乃桑根纸[1]也。

王右军为会稽，谢公就乞笺笔，库内有九万枚，悉与之。桓宣武云："逸少不节。"

《抱朴子》曰：洪家贫，伐薪卖之，以给纸笔，故不得早涉艺文。常乏纸，每所写皆反覆有字，人少能读。

《御史故事》云：按弹奏，白简为重，黄纸为轻。今一例白纸，无甚差降矣。

古弹文白纸为重，黄纸为轻。故《弹王源表》云："源官品应黄纸，臣辄奉白简以闻矣。"

---

① 桑根纸：用桑树根皮为原料制成的纸。质地坚韧，耐用。

《国史补》曰：纸之妙者，则越之剡藤、苔笺[①]，蜀之麻面、屑骨、金花、长麻、鱼子[②]、十色笺[③]，扬之六合笺，蒲州白薄、重抄[④]，临川滑薄。

唐韦陟书名如五朵云，每以彩笺为缄题，时人讥其奢纵。

《抱朴子》曰：吴之抄季[⑤]，有不知五经之名而飨儒官之禄，不娴尺纸之寒暑，而坐著作之地，笔不注简而受驳议之劳。

---

① 苔笺：即侧理纸。
② 鱼子：即鱼卵纸。纸面对着日光可看见纸色白如新出的蚕茧，又有纹点如鱼卵，纸因其纹似鱼卵象形而得名。
③ 十色笺：有十种色彩的笺纸，又名"谢公笺"。
④ 重抄：一种写经纸。
⑤ 抄季：末代。

奉橘帖 王羲之 晋

干宝表曰："臣前聊欲撰记古今怪异非常之事，会聚散逸，使自一贯。博访知古者，片纸残行，事事各异。又乏纸笔，或书故纸。"诏答云："今赐纸二百枚。"

晋令，诸作纸，大纸一尺三分，长一尺八分，听参作广一尺四寸，小纸广九寸五分，长一尺四寸。

石虎诏曰：先帝君临天下，黄纸再定。至于选举，于铨用为允，可依晋氏九班为准格。

《京邦记》：东宫臣上疏用白纸，太子答用青纸。

崔瑗《与葛元甫书》：令送《许子》十卷，贫不及素，但以纸耳。

徐邈《与王珉书》：东宫臣既黄纸奉表于天朝，则宜白纸上疏于储宫。或说白纸称表，吾谓无此体。

山简表：臣父故侍中司徒涛，奉先帝手笔青纸诏。

楼兰文书残纸

二之造

本节主要叙述各类造纸的过程。

汉初已有幡纸代简。成帝时，有赫蹏①书诏。应劭曰："赫蹏，薄小纸也。"至后汉和帝元兴中，常侍蔡伦剉故布及渔网树皮而作之，弥工，如蒙恬以前已有笔之谓也。又枣阳县南蔡伦宅，故彼士人多能作纸。又庾仲雍《明州记》云，应阳县蔡子池南有石臼，云是蔡伦舂纸臼也。一云耒阳县。

黟、歙间多良纸，有凝霜②、澄心之号。复有长者，可五十尺为一幅。盖歙民数日理其楮③，然后于长船中以浸之，

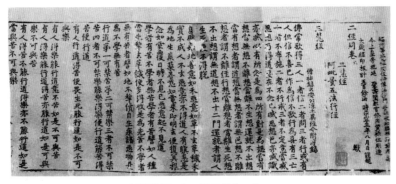

金栗笺纸 《二经同卷》 宋

① 赫蹏：一种西汉中期以后流行的薄纸，后常用于借称纸。

② 凝霜：六朝纸名，又名银光纸或凝光纸。

③ 楮：落叶乔木，树皮常为用于制造宣纸和桑皮纸的原料。有时也作纸张的代称。

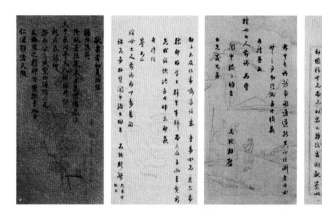

笺纸

数十夫举抄以抄之，傍一夫以鼓而节之，于是以大薰笼周而焙之，不上于墙壁也。由是自首至尾，匀薄如一。

蜀中多以麻为纸，有玉屑、屑骨之号。江浙间多以嫩竹为纸。北土以桑皮为纸。剡溪以藤为纸。海人以苔为纸。浙人以麦茎、稻秆为之者脆薄焉，以麦稿、油藤为之者尤佳。

宋张永自造纸墨。

蜀人造十色笺，凡十幅为一榻。每幅之尾，必以竹夹夹之，和十色水逐榻以染。当染之际，弃置捶埋，堆盈左右，不胜其委顿。逮干，则光彩相宜，不可名也。然逐幅于方版之上研①之，则隐起花木麟鸾，千状万态。又以细布，

---

① 研：用犬牙形石头模拟动物磨牙行为来加工皮革、布帛，使紧实光亮。

先以面浆胶令劲挺隐出其文者，谓之鱼子笺，又谓之罗笺。今剡溪亦有焉。亦有作败面糊，和以五色，以纸曳过，令沾濡，流离可爱，谓之流沙笺。亦有煮皂荚子膏，并巴豆油，傅于水面，能点墨或丹青于上，以姜揾之则散，以狸须拂头垢引之则聚。然后画之为人物，砑之为云霞及鸷鸟翎羽之状，繁缛可爱，以纸布其上而受采焉。必须虚窗幽室，明榠净水，澄神虑而制之，则臻其妙也。近有江表僧于内庭造而进之，御毫一洒，光彩焕发。

晋武赐张华侧理纸，已具《叙事》中。《本草》云："陟釐味甘，大温无毒，止心腹大寒。温中消谷，强胃气，止泻痢。

毛边纸　毛太纸

贝叶

生江南池泽。"陶隐居云："此即南人用作纸者。"唐本注云："此物乃水中苔，今取为纸，名为苔纸。青黄色，味涩。"《小品方》曰："水中粗苔也。音陟釐。陟釐与侧黎相近，侧黎又与侧理相近也。又云即石发也。"（薛道衡《咏苔纸》："今来承玉管，布字银钩转。"）

拓纸画纸法。（见《杂说》门）永徽中，定州僧修德欲写《华严经》，先以沉香渍水，种楮树，俟其拱，取之造纸。

《丹阳记》：江宁县东十五里有纸官署，齐高帝于此造纸之所也，常送凝光纸赐王僧虔。（一云，银光纸也。）

《林邑记》云：九真俗，书树叶为纸。

段成式在九江出意造纸，名云蓝纸，以赠温飞卿。

三之杂说

本节主要讲述关于纸张的各类闻见轶事。

《邺中记》：石虎诏书以五色纸[①]，著木凤凰口中，令衔之飞下端门。

庾永兴《答王羲之书》曰：得示连纸[②]一丈，致辞一千，增其叹耳，了无解往怀。

江南伪主李氏常较举人毕，放榜日给会府纸一张。可长二丈，阔一丈。厚如缯帛数重，令书合格人姓名。

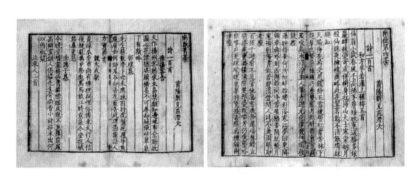

麻纸 浙刻本南岳旧稿 宋

---

① 五色纸：五色纸是在白纸的基础上染上颜色而成的一种各类颜色纸，其以纯色为主，共分红、黄、蓝、黑、紫五色。

② 连纸：意指把纸接起来。

　　每纸出，则缝掖者相庆，有望于成名也。仆顷使江表，睹今坏楼之上犹存千数幅。

　　《画品》云：古画尤重纸上者。言纸得五百年，绢得三百年方坏。

　　纸投火中，烟起尤损人，令肺腑中有所伤。坐客或云："天下神祠中巫祝间少有肥者，盖烟纸烟常熏其鼻息故也。"

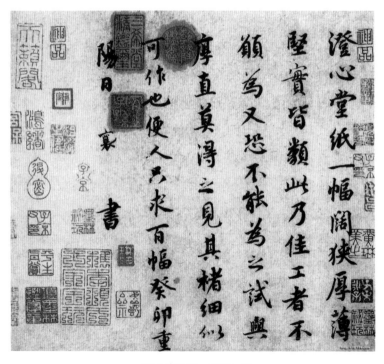

澄心堂纸帖　蔡襄　宋

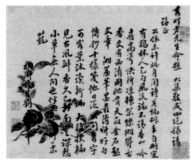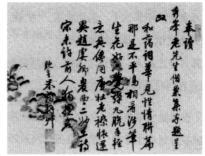

彩笺

山居者常以纸为衣，盖遵释氏云"不衣蚕口衣"者也。然服甚暖，衣者不出十年，面黄而气促，绝嗜欲之虑。且不宜浴，盖外风不入，而内气不出也。

亦尝闻造纸衣法：每一百幅用胡桃、乳香各一两煮之，不尔，蒸之亦妙。如蒸之，即恒洒乳香等水，令热熟，阴干，用箭干横卷而顺蹙之，然患其补缀繁碎。今黟、歙中有人造纸衣段，可如大门阔许。近士大夫征行，亦有衣之，盖利其拒风于凝冱①之际焉。陶隐居亦云："武陵人作榖皮衣，甚坚好也。"

---

① 凝冱（hù）：结冰。

今江浙间有以嫩竹为纸。如作密书，无人敢拆发之，盖随手便裂，不复粘也。

羊续，字叔祖，以清率下。纸帷布被，以败纸糊补之。时为南阳守。

在昔书契以还，简策作矣。至于厥后，或以缣帛。蔡侯有作，方行于世。近代以来，阴阳卜祝通于幽冥者，必斫纸为币，以赂诸冥漠君。每睹诸家玄怪之语，或有鬼祈于人而求之者，或有赂之而获洪福者。噫！游魂为变，绵古而然，汉室以前，鬼何所资乎？得非神不能自神，而随世之态乎？（唐末，太学博士邱光庭亦有《纸钱说》，文多不录。）

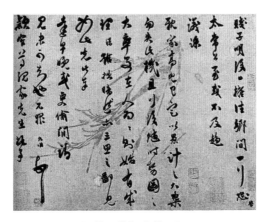

竹纹砑花纸书札　明

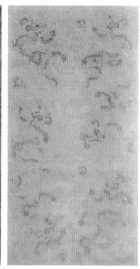

绿地描金龙纹绢纸

《杜阳编》：德宗朝有朱来鸟，常唼玉屑，声甚清畅。及为鸷鸟所抟，宫人皆以金花笺[1]写《心经》，荐其冥福。

张平子《与崔子玉书》云："乃者朝贺明日，读《太元经》，《元》四百岁其兴乎？端力精思，以揆其义，使人难论阴阳之事。足下累世穷道极微，子孙必命世不绝，且幅写一通，藏之待能者。"幅写者，绢帛代纸以写也。

邢子才少在洛阳，会天下无事，专为山水之游，时人方之王粲。其文一出，京师为之纸贵。陈后主常令八妇人

---

① 金花笺：古代名纸。即"描金笺"。一种描绘有金花的书笺。

襞[1]彩笺，制五言诗。魏收，文襄令为檄梁文，初夜执笔，三更便成，文过七纸。

《唐书》：杜暹为婺州参军，秩满将归，吏以纸万张赠之，暹惟受百幅。人叹之曰："昔清吏一大钱，复何异？"

《异苑》：张仲舒在广陵，天雨绛罗笺，纷纷甚驶，非吉兆也。

马融《与窦伯向书》曰："孟陵奴来，赐书手迹，欢喜何量，次于面也。"书虽两纸，纸八行七字。

延笃《答张惟夎书》曰：惟别三年，梦想言念，何日有违。伯英来惠书，书盈四纸，读之反覆，喜不可言。

五色粉蜡纸

---

① 襞（bì）：本指衣服上的褶子，此处意指折纸作书。

蜡笺 御制千尺雪得句 清

张奂《与阴氏书》曰：旧念既密，文章粲烂。名实相副，来读周旋。纸弊墨渝，不离于手。

羲之永和九年制《兰亭序》，乘乐兴而书，用蚕茧纸，鼠须笔，遒媚劲健，绝代更无。太宗后得之。洎玉华宫大渐，语高宗曰："吾有一事，汝从之，方展孝道。"高宗涕泣引耳而听，言："得《兰亭序》陪葬，吾无恨矣。"

郑虔为广文博士，学书病无纸。知慈恩寺有柿叶数屋，遂借僧房居止，取红叶学书。岁久殆遍。

《历代名画记》云：背书画勿令用熟纸，背必皱起，宜用白滑漫薄大幅生纸。纸缝先避画者人面及要节处。若缝之相当，则强急卷舒有损，要令参差其缝，则气力均平。太硬则强急，太薄则失力。绢素彩色不可捣理，纸上白画可以砧石安贴之。仍候阴阳之气调适。秋为上时，春为中时，夏为下，暑湿之时不可也。

《历代名画记》云：江东地润无尘，人多精艺。好事者常宜置宣纸百幅，用法蜡之，以备模写。古人好拓画，十得七八，不失神彩笔迹。亦有御府拓本，谓之官拓。

拓纸法：用江东花叶纸，以柿油、好酒浸一幅，乃下铺不浸者五幅，上亦铺五幅，乃细卷而硾之。候浸渍染著如一，拓书画若俯止水、窥朗鉴之明彻也。（今举子云："宜赍入词场以护试纸，防他物所污。"）

宋拓云麾碑残本（局部）

乾隆仿澄心堂纸　清

　　庾阐，字仲初，造《扬都赋》成，其文伟丽。时人相传争写，为之纸贵。

　　汉成帝赵婕好妒。后宫有儿生八九日，客持诏记封绿小箧与狱中妇人，有裹药二枚，赫蹄书曰："告传能努力饮此药。"孟康曰："赫蹄，染黄素令赤而书之，若今黄纸也。"刘展曰："赫音兄弟阋于墙之阋。"应劭曰："赫蹄，薄小纸也。"互有所说。

《本草拾遗》云：印纸剪取印处，烧灰水服，令人绝产。

抚州有茶衫子纸，盖裹茶为名也。其纸长连，自有唐已来，礼部每年给明经帖书。（见《茶谱》）

药品中有闪刀纸，盖裁纸之际，一角垒在纸中，匠人不知漏裁者。鳖人入药用。

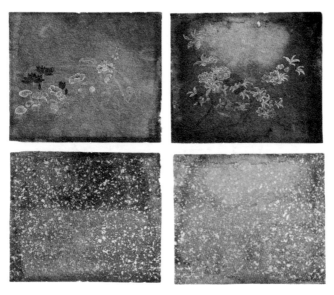

乾隆仿澄心堂纸　清

孔温裕因直谏贬柳州司马。有鹊喜于庭，儿孙拜之飞去，坠下方寸纸，上有"补阙"字。未几征还，果有此拜。（见《因话录》）

《资暇》云：松花笺[①]，代以为薛涛笺，误也。松笺其来旧矣。元和之初，薛涛尚斯色，而好制小诗。惜其幅大，不欲长剩之，乃命匠人狭小为之。蜀中才子既以为便，后减诸笺亦如是，特名曰薛涛笺。今蜀中纸有小样者，皆是也，非松花一色。

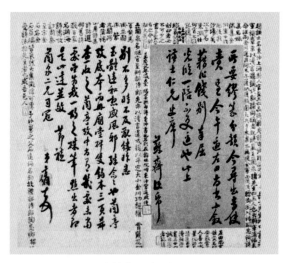

半熟宣书法 清

---

① 松花笺：也叫薛涛笺，是一种淡黄色的笺纸。

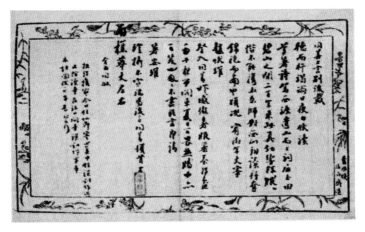

笺谱 清

魏人谤邢邵云：邢家小儿常作文表，自买黄纸写之而送。

司马消难不知书，书架上徒设空纸。时人云"黄纸五经，赤轴三史"。

苏绰为人公正，周文推心委任而无间。或出游，常豫置空纸以授绰，若须有处分，则随事施行。及还启知而已。

南朝有士人朱詹，家贫力学，常吞纸疗饥。

今大寮书题上纸签，出于李赵公。

唐初，将相官告亦用销金笺及金凤纸书之，余皆鱼笺、花笺而已。厥后李肇《翰林志》云：凡赐与、征召、宣索、处分曰诏，用白藤纸。慰抚军旅曰书，用黄麻纸。太清宫

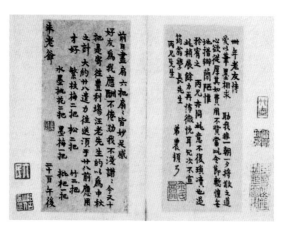

笺纸 金冬心手札 清

内道观荐告文辞，用青藤纸朱书，谓之青辞。诸陵荐告上表、内道观文，并用白麻纸。凡赦书、德音、立后、建储、大诛讨、拜免三公、命相、命将，并用白藤纸，不用印。双日起草，只日宣。宰相、使相官告，并用色背绫金花纸。节度使，并用白背绫金花纸。命妇，即金花罗纸。吐蕃及赞普书及别录，用金花五色绫纸。上白檀木、真珠、瑟瑟、钿函、金锁钥。吐蕃宰相、摩尼师已下，书甲五色麻纸；南诏及青平官书，用黄麻纸。

唐朝进士榜头粘坚黄纸四张，以毡笔[①]淡墨滚转，书曰"体部贡院"四字。（或云文皇以飞白书，或云象阴注之象）

---

① 毡笔：指羊毫笔。

宣宗雅好文儒。郑镐知贡举，忽以红笺笔札一名纸曰"乡贡进士李（御名）"以赐之。

孙放《西寺铭》曰：长沙西寺，层构倾颓，谋欲建立。其日有童子持纸花插地故寺东西，相去十余丈。于是建刹，正当纸花处。

摄生者尤忌枕高。宜枕纸二百幅，每三日去一幅。渐次取之，迨至告尽，则可不俟枕而寝也。若如是，则脑血不减，神光愈盛矣。

《神仙传》云：李之意，神仙人也。蜀先主欲伐吴，问之意。乃求纸笔，画作兵马数十，手裂坏之，又画一大人，又坏之。先主出军，败衄。

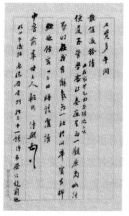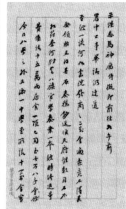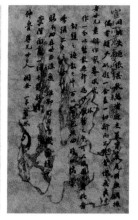

荣宝斋薛涛笺

戴祚《甄异传》云：王肇常在内宿，晨起出外，妻韩氏时尚未觉，而奴子云"郎索纸百幅"。韩视帐中，见肇犹卧，忽不复见。后半岁肇亡。

王炎《冥祥记》云：元嘉八年，蒲坂城中大火灾，里中小屋虽焚，而于煨烬下得金经纸素如故。

《林邑记》：九真俗，书树叶为纸。《广州记》：取穀树皮熟捶，堪为纸。盖蛮夷不蚕，乃被之为褐也。释迦佛为磨休王时，剥皮为纸，写《大乘经》。（见《笔谱》）

王羲之《笔经》云：以麻纸裹柱根，欲其体实，得水不化。

《搜神记》：益州西南有神祠，自称黄石公。祈祷者持一百幅纸及笔墨放石室中，则言吉凶。

刘恂《岭表录异》云：广管罗州多栈香树，身似柜柳，其花白而繁，其叶如橘皮，堪作纸，名为香皮纸。灰白色，有文如鱼子笺。雷、罗州、义宁、新会县率多用之。其纸漫而弱，沾水即烂，不及楮皮者。

《世说》：戴安道就范宣学所为。范读书，亦读书，范抄纸，亦抄纸。

四之辞赋

傅咸《纸赋》：盖世有
质文，则治有损益，故礼随
时变，而器与事易。既作契
以代绳兮，又造纸而当策，
犹纯俭之从宜，亦惟变而是
适。夫其为物，厥美可珍，
廉方有则，体洁性真。含章
蕴藻，实好斯文，取彼之弊，
以为此新。揽之则舒，舍之
则卷，可屈可伸，能幽能显。

梁江洪《为傅建康咏红
笺》诗：杂采何足奇，惟红
偏可作。灼烁类蘂开，轻明
似霞破。镂质卷方脂，栽花
承百和。不遇情牵人，岂入
风流座。

木版印花对笺 清

宣统御制宣纸 清

梁简文帝《咏纸》诗：皎白犹霜雪，方正若布棋。宣情且记事，宁同渔网诗。

薛道衡《咏苔纸》诗：昔时应春色，引渌泛清流。今来承玉管，布字转银钩。

梁刘孝威《谢官纸启》略云：虽复邺殿凤衔，汉朝渔网，平淮桃花，中宫縠树，固亦惭兹靡滑，谢此鲜华。

韦庄《乞彩笺歌》：浣花溪上如花客，绿暗红藏人不识。留得溪头瑟瑟波，泼成纸上猩猩色。手把金刀裁彩云，有时剪破秋天碧。不使虹霓段段飞，一时驱上丹霞壁。蜀客才多染不工，卓文醉后开无力。孔雀衔来向日飞，翩翩压折黄金翼。我有歌诗一千首，磨砻山岳罗星斗。开卷长疑雷电惊，挥毫只怕龙蛇走。班班布在诗人口，满轴松花都未有。

人间无处买烟霞，须知得自神仙手。也知价重连城璧，一纸万金犹不惜。薛涛昨夜梦中来，殷勤劝向君边觅。

僧齐己《谢人赠棋子彩笺诗》：陵阳棋子浣花笺，深愧携来自锦川。海蚌琢成星落落，吴绫隐出凤翩翩。留防桂苑题诗客，惜寄桃源敌手仙。捧受不堪题出处，七千余里剑关前。

舒元舆《悲剡溪古藤文》：剡溪上绵四五百里，多古藤，株枿逼土，虽春入土脉，他植发活，独古藤气候不觉，绝尽生意。予以为本乎地者，春到必动。此藤亦本于地，方春且死，遂问溪上之有道者。言溪中多纸工，持刀斩伐无时，劈剥皮肌以给其业。意藤虽植物者，温而荣，寒而枯，养而生，

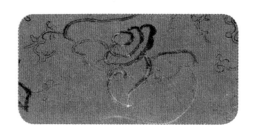

描金手绘红蜡笺纸　清

朵云轩笺纸

残而死，亦将似有命于天地间。今为纸工斩伐，不得发生，是天地气力为人中伤，致一物疵疠之若此。异日过数十百郡，洎东洛西雍，历见言书文者皆以剡纸相夸。予悟曩见剡藤之死，职正由此，此过固不在纸工。且今九牧士人，自专言能见文章户牖者，其数与麻竹相多。听其语其自安重，皆不啻探骊龙珠，虽有晓悟者，其伦甚寡。不胜众者，亦皆敛手无语。胜众者果自谓天下文章归我，遂轻傲圣人之道。使《周南》《召南》风骨，抑入于《折扬》《皇华》中，言偃、卜子夏文学，陷入于淫靡放荡中。比肩握管，动盈数千百人，人人笔下动数千万言，不知其为谬误。日日以纵，自然残藤命易甚桑枲。波波颓沓，未见止息，如此则绮文妄言辈，谁非书刿纸者耶？纸工嗜利，晓夜斩藤以鬻之，虽举天下为剡溪犹不足以给，况一剡溪者耶？以此恐后之日，不复有藤生于剡矣。大抵人间费用，苟得著其理，则不枉之道在，则暴耗之过，莫有横及于物。物之资人亦有时，时其斩伐，不为夭阏？予谓今之错为文者，皆夭阏剡溪藤之流也。藤生有涯，而错为文者无涯，无涯之损物，不直于剡藤而已。予所以取剡藤以寄其悲。

周朴《谢友人惠笺纸并笔》：范阳从事独相怜，见惠霜毫与彩笺。三副紧缠秋月兔，五般方剪蜀江烟。宵征觉有文通梦，日习惭无子谅篇。收著不将两处用，归山间向墨池前。

段成式《与温庭筠云蓝纸绝句并序》：一日辱飞卿九寸小纸，两行亲书，云要采笺十番，录少诗稿。予有杂笺数角，多抽拣与人。既玩之轻明，复用殊麻滑。尚愧大庚所得，犹至四百枚；岂及右军不节，尽付九万幅。因知碧联棋上，重翻《懊恼》之辞；红方絮中，更拟相思之曲。固应桑根作本，藤角为封；古拙不重蔡侯，新样偏饶桓氏。何啻奔走驰骋，有贵长帘；下笔纵横，偏求侧理。所恨无色如鸭卵，状如马肝，称写璇玑，且题裂锦者。予在九江，出意造云蓝纸，既乏左伯之法，今无张永之功。辄分五十枚，并绝句一首，或得闲中暂当药饵也：三十六鳞充使时，数番尤得裹相思。待将抱拱重抄了，尽写襄阳《播捣词》。（今飞卿集中有《播捣词》）

洒金宣纸　现代

附：纸的制作

取坯　　　　　　　　　　制料

打浆　　　　　　　　抄纸（捞纸）

焙纸　　　　　　　　　烘干

《天工开物》中的造纸图　宋应星　明

附：与纸有关的文房器具

铜狮镇纸　清

青玉天鹅形镇纸　清

青玉"三阳开泰"镇纸　清

翡翠圆形镇纸　清

青玉竹节臂搁　明

翡翠臂搁　清

留青竹刻荷塘纹臂搁　清

平刻象牙婴戏图臂搁　清

留青花鸟纹竹雕臂搁　清

墨　谱

○ 一之叙事

○ 二之造

○ 三之杂说

○ 四之辞赋

介绍了墨的生产工艺和种类。

一之叙事

本节介绍了墨的起源和相关故事。

《真诰》云：今书通用墨者何？盖文章属阴，墨，阴象也，自阴显于阳也。《续汉书》云：中宫令主御墨。

《汉书》云：尚书令、仆、丞、郎，月赐隃糜大墨一枚、小墨一枚。

《东宫故事》：皇太子初拜，给香墨[①]四丸。

《释名》曰：墨者，晦也，言似物晦墨也。

陆士龙《与兄书》曰：一日上三台，得曹公藏石墨数十万斤，然不知兄颇见之否？今送二螺[②]。

石墨

---

① 香墨：有香味的墨，除用于书写外，香墨还有止血、消肿之功效。
② 螺：墨的计量单位。

汉墨和笔、木牍、砚石

古有九子之墨，祝婚者多子，善祷之像也。词曰："九子之墨[①]，藏于松烟[②]。本性长生，子孙无边。"

顾微《广州记》曰：怀化郡掘堑，得石墨甚多，精好可写书。今山中多出朱石，亦可以入朱砚中使。

戴延之《西征记》曰：石墨山，北五十里，山多墨可书，故号焉。盛宏之《荆州记》曰：筑阳县亦出。扬雄《诏令》：尚书赐笔墨，观书石室。

---

① 九子之墨：九子墨是古墨名，在墨上刻画九子图，古时祝贺婚礼用物。

② 松烟：松木燃烧后所凝之黑灰，常用于制作松烟墨。

《墨薮》云：凡书，先取墨，必庐山之松烟、代郡之鹿角胶十年之上强如石者妙。

《周书》有涅墨之刑。《庄子》云："舐笔和墨。"晋公墨缞，邑宰墨绶，是知墨其来久矣。

陶侃献晋帝笺纸三千枚，墨二十丸，皆极精妙。

王充《论衡》云：以涂傅泥，以墨点缯，孰有知之？清受尘，白取垢青蝇之污，常在绢素。

欧阳通每书，其墨必古松之烟，末以麝香，方可下笔。

许氏《说文》云：墨者，墨也，字从黑、土。墨者煤烟所成，土之类也。

墨和青瓷砚　西晋

古砚和古墨 秦

古人灼龟，先以墨画龟，然后灼之，兆顺食墨乃吉。《尚书·洛诰》云："惟洛食。"汉文大横入兆，即其事也。

北齐朝会仪：诸郡守劳讫，遣陈土宜。字有谬误及书迹滥劣者，必令饮墨水一升。（见《开宝通礼》）

郦道元注《水经》云：邺都铜雀台北曰冰井台，高八丈，有屋一百四十间。上有冰室数井，井深十五丈，藏冰及石墨焉。石墨可书。（又见陆云《与兄书》云）

《括地志》云：东都寿安县洛水之侧有石墨山，山石尽黑，可以书疏，故以石墨名山。

《新安郡记》云：黟县南一十六里有石岭，上有石墨，土人多采以书。有石墨井，是昔人采墨之所。今悬水所淙激，其井转益深矣。

《陈留耆旧传》云：王邯刚猛，能解槃牙，破节目。考验楚王英谋反，连及千余人。事竟，引入诘问，无谬。一见，赐御笔墨。再见，赐佩带。三见，除司徒西曹属。

王充《论衡》云：河出图，洛出书，此皆自然也。天安得笔墨图画乎？晋令治书令史掌威仪禁令，领受写书缣帛笔墨。

《笔阵图》以笔为刀矟，墨为鍪甲。

宋墨

二之造

本节主要叙述制墨的各类原料和方法。

韦仲将《墨法》（即韦诞也）曰：今之墨法，以好醇松烟干捣，以细绢筛于缸中，筛去草芥。此物至轻，不宜露筛，虑飞散也。烟一斤已上，好胶五两，浸梣皮汁中。梣皮即江南石檀木皮也。其皮入水绿色，又解胶，并益墨色。可下去黄鸡子白五枚，亦以真珠一两、麝香一两，皆别治细筛。都合调下铁臼中，宁刚不宜泽。捣三万杵，多益善。不得过二月、九月，温时臭败，寒则难干。每挺重不过二两。故萧子良《答王僧虔书》云："仲将之墨，一点如漆。"

六朝墨

----

① 筛：同"筛"字，筛选之意。

冀公《墨法》：松烟二两，丁香、麝香、干漆各少许，以胶水溲作挺，火烟上薰之，一月可使。入紫草末色紫，入秦皮末色碧，其色俱可爱。

昔祖氏本易定人，唐氏之时墨官也。今墨之上，必假其姓而号之。大约易水者为上，其妙者必以鹿角胶煎为膏而和之，故祖氏之名闻于天下。今太行、济源、王屋亦多好墨，有圆如规，亦墨之古制也。有以栝木烟为之者，尤粗。又云：上党松心为之尤佳，突①之末者为上。

江南黟歙之地有李廷珪墨②，尤佳。廷珪本易水人，其父超，唐末流离渡江，睹歙中可居，造墨，

李廷珪造墨 南宋

---

① 突：烟囱。

② 李廷珪墨：南唐李廷珪父子所制之墨。李廷珪本姓奚，自易水迁居歙县，赐姓李。其墨取黄山松烟，制造精良，坚如玉，纹如犀，自宋以来推为第一。

叶茂实造墨 南唐

故有名焉。今有人得而藏于家者，亦不下五六十年。盖胶败而墨调也，其坚如玉，其纹如犀，写逾数十幅，不耗一二分也。

墨或坚裂者至佳。凡收贮，宜以纱囊盛，悬于透风处佳。

造朱墨法：上好朱砂细研飞过，好朱红亦可。以栎皮水煮胶清，浸一七日，倾去胶清。于日色中渐渐晒之，干湿得所，和如墨挺。于朱砚中研之，以书碑石。亦须二月、九月造之。

宋张永涉猎经史，能为文章，善隶书。又有巧思，纸墨皆自造。上每得永表，辄执玩咨嗟久之，供御者不及也。

造麻子墨法：以大麻子油沃糯米半碗强，碎剪灯心堆于上，燃为灯。置一地坑中，用一瓦钵微穿透其底，覆其焰上，取烟煤重研过。以石器中煎煮皂荚膏，并研过者、糯米膏，入龙脑、麝香、秦皮末和之，捣三千杵。溲为挺，置荫室中俟干。书于纸上，向日若金字也。秦皮，陶隐居云："俗谓之樊槻皮。以水渍和墨，书色不脱，故造墨方多用之。"

近黟、歙间有人造白墨[1]，色如银，迨研讫，即与常墨无异。却未知所制之法。

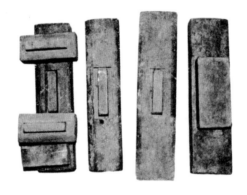

古代墨模

---

[1] 白墨：墨的一种。色白，研后即变黑。

万历方于鲁造标有梅墨 明

万历汪鸿渐造龙凤图墨 明

三之杂说

本节主要讲述了墨的一些杂闻和趣事。

张芝临池书,水尽墨。

《神仙传》云:班孟能嚼墨,一喷皆成字,尽纸有意义。

王子年《拾遗》云:张仪、苏秦同志写书,遇圣人之文,则以墨画掌及股里以记之。葛洪好学,自伐薪买纸墨。《灾祥集》曰:天雨墨,君臣无道,谗人进。

《神仙传》:汉桓帝征仙人王远,远乃题宫门四百余字。帝恶而削之,外字去,内字复见,墨皆入木里。

程君房制烂柯图墨 明

乾隆御咏名花诗十色墨　清

扬雄《答刘歆书》云：雄为郎，自奏心好沉博绝丽之文。愿不受三岁俸，且休脱直事之繇①，得肆心广意。成帝诏不夺俸，令尚书赐笔墨，得观书于石室。故天下上计孝廉及内郡卫卒会者，雄常把三寸弱翰，赍油素四尺，以问其异。归则以铅摘松椠②，二十七年于兹矣。

---

① 繇：通"徭"，忙于政事。
② 松椠：指松木制成的书版。椠，没有写字的素牍。

伪蜀有童子某者能诵书，孟氏召入，甚嘉其颖悟，遂锡之衣服及墨一丸。后家童误坠于庭下盆池中。后数年，重植盆中荷芰，复获之，坚硬光腻仍旧。或云僖宗朝所用之墨余者。

唐王勃为文章，先研墨数升，以被覆面，谓之腹稿，起即下笔不休。（幼常梦人遗之墨丸盈袖。）

西域僧书言彼国无砚笔纸，但有好墨，中国者不及也。云是鸡足山古松心为之。仆尝获贝叶，上有梵字数百，墨

小楷贝叶金刚经 沈枢 宋

御墨 清

倍光泽。会秋霖，为窗雨湿，因而揩之，字终不灭。

后周宣帝令外妇人以墨画眉，盖禁中方得施粉黛。《汉书》：光武起，王莽以墨污渭陵、延陵周垣。

仆将起赴举年，梦今上临轩，亲赐墨一挺，仆因蹈舞拜受。旦日，言于座客。有郭靖者，江表人也，前贺曰："必状元及第。"仆诘之，郭曰："仆有征方言也。"前春御试，果冠群彦，而郭公已有他事遁归江表。后言之于礼部郎中张泊，泊曰："夫墨者，笔砚之前，用时必须出手矣。手与首同音也。"仆亦自解之曰："天子手与文墨也。"

顾野王《舆地志》曰：汉时王朗为会稽太守，子肃随之郡，住东斋中。夜有女子从地出，称赵王女，与肃语。晓别，赠墨一丸。肃方欲注《周易》，因此便觉才思开悟。

《抱朴子》：友人元伯先生以濡墨为城池，以机轴为干戈。汲太子妻与夫书曰：并致上墨十螺。

葛龚《与梁相书》曰：复惠善墨，下士难求，椎骸骨，碎肝胆，不足明报。

干宝《搜神记》曰：益州西有祠，自称黄石公。人或馈纸笔一丸墨，则石室中言吉凶。

《本草》云：墨味辛，无毒，止血生肌肤。合金疮散，主产后血晕。磨醋服之，亦主眯目，物芒入目点瞳子。又主血痢及小儿客忤，捣筛和水调服之。好墨入药，粗者不堪。

陶隐居云：樊梣皮水渍以和墨，书色不脱，即秦皮也。

御墨

乾隆关槐山水图御墨 清

朱砂柱形墨 清

陶隐居云：乌贼鱼腹中有墨，今作好墨用之。（乌贼者，以其食乌也。）

海人云乌贼鱼即秦王算袋鱼也。昔秦王东游，弃算袋于海，化为此鱼，形一如算袋，两带极长。墨犹在腹，人捕之，必喷墨昏人目也。其墨，人用写券，岁久其字磨灭，如空纸焉。无行者多用之。

《国语》晋成公初生，梦人规其臀以墨曰："使有晋国三世。"故名黑臀。

颍川荀济与梁武有旧，而素轻梁武。及梁受禅，乃入北。尝云："会于楯鼻磨墨作文檄梁。"

康熙汪时茂造四美具墨　清

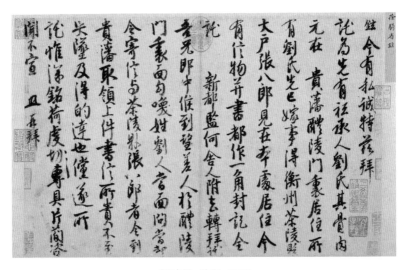

私诚帖 徐铉 五代

今常侍徐公铉云，建康东有云穴，西山有石墨，亲常使之。又云，幼年常得李超墨一挺，长不过尺，细裁如筋。与其爱弟锴共用之，日书不下五千字，凡十年乃尽。磨处边际如刀，可以裁纸。自后用李氏墨，无及此者。超即廷珪之父也。

唐末，陶雅为歙州刺史二十年，尝责李超云："尔近所造墨殊不及吾初至郡时，何也？"对曰："公初临郡，岁取墨不过十挺，今数百挺未已，何暇精好焉？"

山中新伐木，书之，字即隐起。他日洗去墨，字犹分明。

又书于版牍，岁久木朽，而字终不动。盖烟煤能固木也。亦徐常侍言。

今之小学者将书，必先安神养气，存想字形在眼前，然后以左手研墨，墨调手稳方书，则不失体也。又曰："研墨如病。"盖重其调匀而不泥也。又曰："研墨要凉，凉则生光。墨不宜热，热则生沫。"盖忌其研急而墨热。又李阳冰云："用则旋研，无令停久，久则尘埃相污，胶力骤亡。如此，泥钝不任下笔矣。"

康熙吴天章造集锦墨（原装漆盒）　清

初，举子云：凡入试，题目未出间，豫研墨一砚。盖欲其办事，非主于事笔砚之妙者也。今之烧药者，言以墨涂纸裹药，尤能拒火。

王嘉《拾遗记》：昔老君居景室山，与老叟五人共谈天地之数，撰经书垂十万言。有浮提国二神人出金壶器，中有墨汁，状若淳漆。洒木石，皆成篆隶，以写之。及金壶汁尽，二人乃欲刳心沥血以代墨焉。五老，即五天之精也。景室，即太室、少室也。

乾隆御墨　清

康熙吴天章造集锦墨　清

王献之与桓温书扇，误为墨污，因就成一驳牛，甚工。

曹不兴画屏，改误污为蝇，大帝以手弹之。

义熙中，三藏佛驮跋陁住建业谢司空寺，造护净堂，译《华严经》。堂下忽化出一池，常有青衣童子自池中出，与僧洒埽研墨。

《宋云行记》云：西天磨休王斫髓为墨，写大乘经。（见《笔势》中）石崇《奴券》曰：张金好墨，过市数蠡，并市豪笔，备郎写书。赵壹《非草书》云：十日一笔，月数丸墨。（见《笔势》中）

刘恂《岭表录异》云：岭表有雷墨。盖雷州庙中雷雨勃起，人多于野中获得石，状如蠶石，谓之雷公墨也。扣之鎗鎗然，光莹可爱。

《典论》云：袁绍妻刘氏性妒，绍死未殡，杀其妾五人。恐死者知，乃髡其发，墨其面。

曹毗《志怪》云：汉武凿昆明极深，悉是灰墨，无复土，举朝不解。以问东方朔，朔曰："臣愚不足以知之，可试问西域胡僧。"上以朔不知，难以核问。后汉明帝时外国道人入来洛阳时，有忆方朔言者，乃试问之。胡人曰："经云：天地大劫将尽，则劫烧灰。此烧之余。"乃知朔言有旨。（又曰，出《幽明录》）

胡开文套墨　清

方于鲁九子龙纹墨 明

松烟墨

四之辞赋

后汉李尤《墨铭》：书契既远，研墨乃陈。烟石相附，笔疏以伸。（一作"烟石附笔以流以伸"）

曹植乐府诗：墨出青松烟，笔出狡兔翰。古人成鸳迹，文字有改刊。

张仲素《墨池赋》：墨之为用也，以观其妙；池之为玩也，不伤其清。苟变池而尽墨，知功积而艺成。伊昔伯英，务兹小学；栖迟每亲乎上善，勤苦方资乎先觉。俾夜作昼，日居月诸；挹彼一水，精其六书。或流离于崩云之势，乍滴沥于垂露之余。由是变此黛色，涵乎碧虚。浴玉羽之翩

名花十友墨　清

圆形墨

圭形墨

翩，或殊白鸟；濯锦鳞之潋潋，稍见鼋鱼。自强不息，允臻其极。何健笔以成文，俾方塘之改色。映扬鬐之鲤，乍谓寓书；沾曳尾之龟，还同食墨。沮洳斯久，杳冥莫测；爱涅者必其缁，知白者成其黑，萍风已歇，桂月初临；元渚弥净，元流更清。所以恢宏学海，辉映儒林；将援毫而悦目，岂发册而赏心。其外莫测，其中莫见；同君子之用晦，比至人之不炫。冰开而纯漆重重，石映而元圭片片。倘北流而浸稻，自成黑黍之形；如东门之沤麻，更学素丝之变。究其义也，如虫篆之所为；悦其风也，想鸟迹之多奇。将与能也，而可传可继；岂谋乐也，而泳之游之。耻魏国之沈沈，徒开墨井；笑昆山之浩浩，空设瑶池。专其业者全其名，久其道者尽其美。譬彼濡翰，成兹色水。则知游艺之徒尽，以墨池而窃比。

李白《酬张司户赠墨歌》：上党碧松烟，夷陵丹砂末。兰麝凝珍墨，精光乃堪掇。黄头奴子双鸦鬟，锦囊卷之怀抱间。今日赠予《兰亭》去，兴来洒笔会稽山。

僧齐己《谢人惠墨》诗：珍我岁寒烟，携来路几千。只应真典诰，销得苦磨研。正色浮端砚，精光动蜀笺。因君强濡染，舍此即忘筌。

段成式《送温飞卿墨往复书十五首》：段云，近集仙旧吏献墨二挺，谨分一挺送上。虽名殊九子，状异二螺，如虎掌者非佳，似兔支者差胜。不意吴兴道士忽遇，因取上章；赵王神女得之，遂能注《易》。所恨隃糜松节，绝已多时；上谷檞头，求之未获也。成式述作中踬，草隶非工，惟兹白事，足以驱策。讵可供成篆之砚，夺如椽之笔乎？温答云：庭筠白，即日僮傒至，奉披荣诲，蒙赉易州墨一挺，竹山奇制，上蔡轻烟，色掩缁帷，香含漆筒。虽复三台故物，贵重相传；五两新胶，干轻入用。犹恐于潜旷远，建业厎羸。韦曜名方，即求鸡木；傅玄佳致，别染龟铭。恩加于兰省郎官，礼备于松棂介妇。汲妻衡弟，所未窥观；《广记》《汉仪》，何尝著列。矧又元洲上苑，

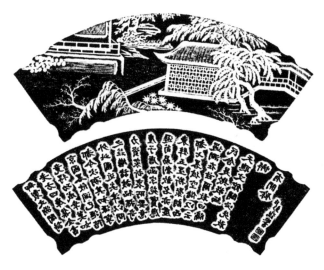

木刻四库诗墨墨模拓片　清

康熙汪近圣造耕织图墨（原装漆盒）　清

青琐西垣，板字犹新，疑签尚整。帐中女史，每袭清香；架上仙人，常持缥帙。得于华近，辱在庸虚。岂知夜鹤频惊，殊惭志业；秋蛇屡绾，不称精研。惟忧瘊物虚投，蜡盘空设。晋陵虽坏，正握铜兵；王诏徒深，谁磨石砚。捧受荣荷，不任下情，庭筠再拜。段答云：昨献小墨，殆不任用。籍柣之力，殊未坚刚；和麸之余，固非精好。既非怀化所得，岂是筑阳可求。况某从来政能，惭伯祖之市果；自少学业，愧稚川之伐薪。飞卿掣肘功深，烨掌忘倦，齐奋五笔，捷发百函。愁中复解元嘲，病里犹屠墨守。烟石所附，抑有神手；裁札承讯，忻怿兼襟。莫测庾词，难知古训，行当祇谒，条访阙疑。成式状。温答云：昨夜安东听偈，北窗追凉，楠枕才敧，兰缸未艾，缥绳初解，紫简仍传，丽事珍繁，摘笔益赡。虽则竟山充贡，握椠堪书，五丸二两之精英，三辅九江之清润。葛龚受赐，称下士难求；王粲著铭，叹退风易远。俱苞输囷，尽入淙金，遗逸皆存，纤微悉举。晶观鹏运，岂识迢遥；鲲入鲋居，应嗟坎窞。愿承謦欬，以牖愚蒙。庭筠状。段答云：昨更拾从土黑声之余，自谓无遗策矣。但愧井蛙尚犹自恃，醯鸡未知大全，忽奉毫白，复新耳目。重耳误彻，谬设生惭；张奂致渝，研味难尽。讵同王远术士，题字入木；班孟仙人，喷书竟纸。

虽赵壹《非草》，数丸志征；汲媛饷夫，十螺求说。肝胆将破，翰答已疲，有力负之，更迟承问。成式状。温答云：伏蒙又抒冲襟，详征故事。苍然之气，仰则弥高；毖彼之泉，汲而增广。方且惊神褫魄，宁唯矜甲投戈。复思素洛呈祥，翠妫垂觊，龟字著象，鸟荚含华。至于汉省五丸，武部三善。仲宣佳藻，既咏浮光；张永研工，常称点漆。逸少每停质滑，长康常务色轻。捣乃韦书，知为宋画。苟济提兵之檄，磨楯而成；息躬覆族之言，削门而显。敢持蛙井，犹望鲲池，

光绪胡开文造黄山图墨拓片　清

不任惭伏宗仰之至。庭筠状。段答云：赫日初升，白汗四匝，愁议墨阳之地，懒窥兼爱之书。次复八行，盈襚交互。访伏牛之夜骨，岂望登真；迷良兽之沈脂，虚成不任。更得四供晋贰，五入汉陵，隐侯辞著于麝胶，葛元术矜于鱼吐。宁止千松，政染二丸，可和僧孺独擅之才，周禺自谓无愧而已，支策长望，梯几熟眠，方困九攻，徒荣十部，齐师其遁，讵教脱扃。成式状。温答云：窃以童山不秀，非邹衍可吹；瞀井无泉，岂耿恭不拜。墨尤之事，谓以获麟；笔圣之言，翻同倚马。静思神运，不测冥搜。亦有自相里而分，岂公输所削，流辉精绢，假润清泉。铭著李尤，书投苏竟，宁忧素败，不畏飞扬。传相见贻，守宫斯主，研蚌胎而合美，配马滴以成章。更率荒芜，益惭疏略。庭筠状。段答云：蓝染未青，元嘲转白；责羝羊以求乳，耨石田而

金光悌进贡墨 清

富贵图墨　清

望苗：殆将壮肠，岂止憎貌。犹记烟磨青石，黛渍幕书，施枨易思，号令难晓。苏秦同志，佣力有而可题；王隐南游，著书无而谁给。今则色流琅研，光滴彩毫，腹笥未缄，初不停辍。疲兵怯战，惟愿竖降。成式状。温答云：驿书方来，言泉更涌，高同泰峙，富类敖仓。怯蒙叟之大巫，骇王郎之小贼。尤有刚中巧制，庙里奇香；征上党之松心，识长安之石炭。乌黔靡用，龟食难知；规虞器以成奢，默梁刑而严罪。便当北面，不独栖毫。庭筠状。段答云：飞卿博穷奥典，敏给芳词，吐水千瓶，有才一石。成式尺纸寒暑，素所不闲，一卷篇题，从来盖寡。窃以墨事故附，巾箱先无，可谓有骐骥而虽疲，遵绳墨而不跌者。忽记邺西古井，更欲探寻；虢略镂盘，谁当仿效。况又剧问可答，但愧于

仿曹素功制集锦墨 清

子安；一见之赐，敢同于郅恽乎？阵崩鹤唳，歌怯鸡鸣，复将晨压我军，望之如墨也。岂胜愁居愦处之至。成式状。温答云：庭筠阅市无功，持挝寡效，大魂障听，蜗脘伤明。庸敢抚翼鹓鹏，追踪骥騄？每承函素，若涉沧溟。亦有丛憀尚存，戈余与记。至于缥从权制，既御秦兵；绶匪旧仪，仍传汉制。张池造写，蔡碣含舒。荷新淦之恩，空沾子野；发冶城之诏，独避元规。窘类轸羹，碎同拾饭，其为愧怍，岂可胜言。庭筠状。段答云：酝椟遍寻，缄筠穷索，思安世箧内搜，伯喈帐中。更睹沈家令之谢笺，思生松黛；杨师道之佳句，才捴烟华。抑又时方得贤，地不爱宝，定知灾祥不两，讵论穹昊所无。还介方酬，郁仪未睨，羽驿沓集，笔路载驰。岂知石室之书，能迷中散；麻繻之语，只辨光和。底滞之时，征引多误，弹笔搦纸，惭怯倍增。成式状。

温答云：昨日浴签时，光风亭小宴，三鼓方归。临出捧缄，在醒忘答，亦以蚍久罄，川渎皆陨。岂知元化之杯，莫能穷竭；季伦之宝，益更扶疏。虽有瀚海垒石，湨阳水号。烟城倥咏，剩出青松；恶道遗踪，空留白石，扇里止余乌牸，屏间正作苍蝇，岂敢犹弯楚野之弓，尚索神亭之戟？谨当焚笔，不复操觚矣。庭筠状。段答云：问义不休，揽笔即作，何啻悬鼓得捶也。小生方更倍鳃，尚自举尾；更搜屋火，复得刀圭。因计风人辞中，将书乌皂；长歌行里，谓出松烟。供椒掭量用百丸，给兰台率以六石。棠梨所染，滋润多方；黎勒共和，周遮无法。傅玄称为正色，岂虚言欤，飞卿笔阵堂堂，舌端滚滚，一盟城下，甘作附庸。成式状。

汪近圣制集锦墨　清

制墨图

附：与墨有关的文房器具

白玉俎式墨床 清

水晶墨床 清

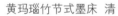

黄玛瑙竹节式墨床 清

白玉墨床 清

铜金石文字墨盒 清

后序

  班《志》有言曰："小说家流，千三百八十篇，盖出乎稗官①道途之说也。孔子曰：虽小道，必有可观者焉。"苟致远而不泥，庶亦几于道也。矧②善其事者必利其器，寻其波者必讨其源。吾见其决泄古先之道，发扬翰墨之精，莫不由是四者，方传之无穷乎？苟阙其一，虽敏妙之士，如廉颇不能将楚人也。尝观《茶经》《竹谱》，尚言始末，成一家之说，况世为儒者，焉能无述哉？因阅书秘府，遂检寻前志，并耳目所及、交知所载者，集成此谱。闻之通识者，识者亦曰可，故不能弃。其冠序则有骑省徐公述焉。敢以胸臆之志，复书于卷末云。

  时皇宋龙集丙戌雍熙纪号之三载九月日，翰林学士苏易简书。

---

① 稗官：小官。小说家出于稗官，后因此称野史小说为稗官。
② 矧：况且。

黄延鉴跋

此书向无善本，照旷阁刊《学津》时，出其家藏抄本属校，谬误殆不可读。雠勘再三，粗成句读。而中如《文嵩四侯传》及《墨谱》中段温赠答书状十五首，不见于他类书征引者，概从阙如，缘是录副未梓。己卯冬，晤钱塘梦华何君，云近得鹤梦山房旧抄完本，从之借校。今春梦华何君携书来，知又新从振绮堂汪氏本校过者，狂喜欲绝。鉴遂从两本合校一过，补卷一《笔之杂说》脱文四十二条、卷二《笔之词赋》一条、卷三《砚之叙事》九条。其余阙文错字，约计二百八十余字。其异同处两通及存疑者，不计焉。是书至是可称完善矣。特未知视《敏求记》所云绛云勘对疑似之本，相去又何如也。

拙经老人黄延鉴跋。

图书在版编目（CIP）数据

文房四谱 / （宋）苏易简著 . —上海：上海人民美术出版社，2022.2

（名家悦读系列）

ISBN 978-7-5586-2284-7

I.①文… Ⅱ.①苏… Ⅲ.①文化用品—研究—中国—古代 Ⅳ.①K875.44

中国版本图书馆CIP数据核字（2022）第164958号

名家悦读系列——

文房四谱

著　　者：苏易简（宋）
主　　编：邱孟瑜
策　　划：徐　亭
责任编辑：徐　亭
技术编辑：齐秀宁
调　　图：徐才平
出版发行：**上海人民美术出版社**
　　　　　（上海市闵行区号景路159弄A座7楼）
印　　刷：上海印刷（集团）有限公司
开　　本：889×1194　1/36　5.5印张
版　　次：2023年1月第1版
印　　次：2023年1月第1次
书　　号：ISBN 978-7-5586-2284-7
定　　价：59.00元